KB185910

독자에디터는 본 책의 초안을 검토하고, 편집 아이디어를 제공하고,
오류를 검수하는 등 독자의 눈높이에 맞는 책을 만드는 데에 많은 도움을 주셨습니다.
바쁜 시간을 쪼개어 참여해주신 독자에디터 여러분께 깊은 감사를 드립니다.

★★★★★

유익한데 재미있기까지 한 경제교육 책. 아기에게 앞으로 경제교육을 어떻게
시키면 좋을지 시뮬레이션해 볼 수 있는 기회였어요. 집에 딱 모셔두고 차근차
근 접목해 봐야겠어요.
- 땅꼬 님

원더깨비 님 첫 번째 도서를 보고 아이에게 경제관념을 심어주자는 목표를 실
행 중입니다. 이번 두 번째 도서를 본 후에는 돈을 쓰고 버는 방법과 경제사회
에서 돈의 여러 역할에 대해 아이들에게 알려줄 방법을 알게 되었습니다. 덕분
에 새로운 목표를 세우고 실행할 동기부여를 얻었습니다!
- 부대손손 님

어른을 대상으로 하는 것도 어려운 경제교육, 어린이 대상으로 어떻게 눈높이
경제교육을 하면 되는지 잘 알 수 있었다. 자녀에게 경제교육을 시키고 싶은
학부모에게 좋은 가이드라인이 될 거라 생각한다.
- 희망 님

지금 당장 집에서 시작하는

엄마표 경제교육

성유미(원더깨비) 지음

지금 당장 집에서 시작하는
엄마표 경제교육

초 판 1 쇄 발행 2025년 2월 17일

지 은 이 성유미(원더깨비)
발 행 처 잇 콘
발 행 인 신동익

편   집 임효진
마 케 팅 호예든
경영지원 유정은
출판등록 2019년 2월 7일 제25100-2019-000022호
주   소 경기도 용인시 기흥구 동백중앙로 191
전   화 070-8623-9971
팩   스 02-6919-1886
이 메 일 books@itconbooks.co.kr
홈페이지 www.itconbooks.co.kr

I S B N 979-11-90877-93-0   03330

◁ **독자설문**
더 나은 책을 만들기 위한
독자설문에 참여하시면
추첨을 통해 선물을 드립니다.
(당첨자 발표는 매월 말 개별연락)

◁ **커뮤니티**
네이버카페에 방문하시면
출간 정보, 이벤트, 원고투고,
소모임 활동, 전문가 칼럼 등
다양한 체험이 가능합니다.

지금 당장 집에서 시작하는

엄마표 경제교육

성유미(원더깨비) 지음

잇콘

돈 없으면 친구 사귀기도 어려운 시대

얼마 전 장을 봐서 집에 돌아오는 길. 집 근처 편의점 앞 테이블에 태권도복을 입은 초등학생 무리가 둘러앉아 뭔가를 홀짝거리고 있더군요. 그중 한 아이가 매우 낯이 익습니다. 응? 가만히 보니 우리 집 둘째잖아요? 네, 집 앞 슈퍼에서 뻥튀기 네 봉지를 한꺼번에 '플렉스'하던 바로 그 소비요정 말입니다.

이날은 친구들과 컵라면에 복숭아 음료를 마시고 있더라고요. 흡사 직장인들이 퇴근 후 "자, 너도 한잔 해~" 하며 소주 한잔 기울이는 모양새입니다. 곧 저녁 먹을 시간에 초등학생들이 집에는 안 가고 왜 거기서 뭘 그렇게 먹고 있는지, 엄마 입장에선 한숨이 나옵니다.

요즘 아이들은 돈이 참 많이 필요합니다. 방과 후 집에 들르지 않고 바로 학원에 가는 아이들은 출출한 배도 채워야 하고, 주말이면 친구들과 놀러 나가기도 해야 합니다. '마라탕-탕후루-버블티-네컷사진-코인노래방'의 풀코스를 돌면 한 사람당 거의 3만 원 정도는 쓰더라고요. 게다가 세상엔 아이들을 유혹하는 게 왜 이렇게 많은가요. 최애 아이돌의 굿즈도 사야 하고, 포토카드도 모아야 하고, 그 포토카드를 꾸밀 스티커도 사야 하고…. 용돈 몇 만원으로는 턱도 없습니다.

그러다 보니 아이들은 돈이 없으면 친구 만나기도 어렵다고 말을 합니다. 실제로 제가 인스타그램에서 아이들에게 간단한 설문조사를 했는데, 88%의 친구들이 '돈 없으면 친구랑 못 논다'에 투표했더군요. 깜짝 놀랐습니다. 없으면 없는 대로 놀이터에서 흙장난하며 놀던 옛날과는 달라도 한참 달라졌나 봅니다.

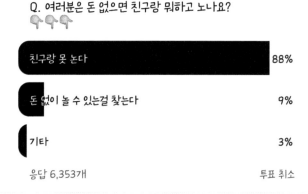

Q. 여러분은 돈 없으면 친구랑 뭐하고 노나요?
👇👇👇

친구랑 못 논다	88%
돈 없이 놀 수 있는걸 찾는다	9%
기타	3%

응답 6,353개   투표 취소

(출처 : 인스타그램 @wonder_ggaebi)

아이들끼리 '간식계' 같은 것을 만들어서 운영하기도 합니다. 돈을 차곡차곡 모아 순서대로 받아가는 어른들의 계와는 목적이 달라요. 각자의 용돈으로 간식을 돌아가면서 쏘는 모임이랄까요. 용돈을 탄 아이가 그날 친구들에게 떡볶이를 쏘면 용돈이 거의 대부분 소진되잖아요? 그러면 다음 날은 다른 아이가 용돈을 타서 쏘고, 그다음 날은 또 다른 아이가 쏘고…. 이런 식입니다. 보통 달 단위로 용돈을 받지만, 우리 아이들은 한 달 뒤까지 생각하지 않습니다. 부족하면 엄마에게 더 달라고 하면 되니까요.

부모의 걱정은 하늘을 찌르고 ✨

이런 아이들을 보며 엄마들은 걱정이 많습니다.

"우리 아이가 너무 개념 없이 돈을 써요."

"용돈을 매번 달라는데, 계속 주는 게 맞는지 모르겠어요."

실제로 아이들이 본격적으로 돈을 쓰기 시작하는 초등 3학년 무렵부터는 많은 엄마들이 경제교육의 필요성을 느끼시더라고요. 학부모 대상 교육을 하러 가면 초등 3~4학년 어머님들이 가장 관심을 많이 보이십니다.

하지만 안타까운 점이 있어요. 용돈 교육은 돈을 벌고 모으는 것부터 배워야 하는데, 아이들은 이미 '쓰는 맛'을 먼저 알아버렸다는 거죠. 그래서 경제교육의 시작은 이를수록 좋습니다. 가능하면 돈 쓰는 맛을 알기 전에 시작하면 좋아요. 동전 하나에도 감사할 수 있는 나이면 더 좋고요. 하지만 늦었다고 좌절할 수는 없잖아요? 오늘이 앞으로 남아있는 날 중에서 가장 빠른 날이니까요.

"어디서부터 시작해야 할지 모르겠어요."
"경제교육 할 시간이 없어요."
"엄마인 나도 경제를 잘 모르는걸요."
"괜히 교육했다가 돈 밝히는 아이가 되면 어쩌죠?"

엄마들이 많이 말씀하시는 경제교육의 허들입니다. 이해합니다. 저도 같은 이유로 경제교육을 뒤로 미뤘던 엄마 중 하나인걸요. 저 역시 회사와 집을 오가며 치열하게 살던 워킹맘이었으니까요. 제가 5년 전 아이들에게 경제교육을 해야겠다고 마음 먹었을 때 저희 큰 아이는 초등 4학년, 작은 아이는 초등 1학년이었습니다. 돈을 펑펑 쓰는 맛을 알아버린 지 한참 지난 건 당연하고요.

하지만 지난 5년간 뜻을 같이하는 커뮤니티 '깨비드림' 멤버들과 엄마표 경제교육을 진행하며 확신하게 되었습니다. 엄마가 경제를 몰라도 충분히 경제교육을 할 수 있다는 것, 그리고 많은 시간을 들여야만 할 수 있는 게 절대 아니라는 것을요. 경제교육은 밥 먹듯, 숨 쉬듯 일상에 녹아들어야 합니다. 그래야 아이의 성장과 함께 지속할 수 있더라고요.

10년 후, 아이들의 당당한 자립을 위해 ✨

지난 5년간 엄마표 경제교육을 통해 저도 아이들도 많이 자랐습니다. 초등 4학년과 1학년이던 아이들은 이제 고등학생과 중학생이 되었네요. 그동안 아이들이 엄청난 부자가 되었거나 경제 척척박사가 된 건 당연히 아닙니다. 하지만 분명히 달라진 점이 있더라고요. 그것도 당장 돈이 많아진 것보다 훨씬 대단한 쪽으로요. 대체 어떻게 달라졌느냐고요? 이제부터 하나씩 이야기해 보겠습니다.

이 책은 돈에 대해 아무 생각이 없었던 철부지 아이들의 성장일기이자, 경제를 잘 모르는 엄마가 좌충우돌하며 진행했던 5년간의 엄마표 경제교육 노하우를 단계별로 정리한 실용서입니다. 책에서 안내하는 대로 조금씩 실천하다 보면 어느 순간 훌쩍 자란 아이의 모습을 마주하게 되실 거예요.

그리고 제 메시지가 여러분에게도 닿는다면, 이 책을 덮을 때쯤엔 '그래서 AI 시대에 아이들을 어떻게 키워야 하느냐'에 대한 문제도 어느 정도 방향을 잡게 되실 겁니다. 엄마표 경제교육을 통해 아이들은 당당한 어른으로 자립할 준비를 할 수 있기를, 엄마들은 자녀에게 부담을 주지 않아도 되는 즐거운 노후를 대비할 수 있기를 바랍니다. 자, 그럼 이제 시작해 볼까요?

새봄을 앞둔 계절에

원더깨비 성유미 드림

6장.

집 밖에서 돈을 벌어봐요

7장.

돈이 돈을 버는 원리를 배워요

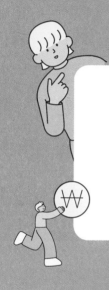

1장

얘들아,
돈이란 대체 무엇일까?

자녀 경제교육에 대한 부모들의 고민은 비슷합니다. "우리 애는 돈을 너무 생각 없이 써요." "취업도 어렵다는데 어떤 어른으로 키워야 할지 모르겠어요." "나도 경제를 잘 모르는데 어떻게 가르쳐야 하죠?" 하지만 진정한 경제교육이란 지식을 외우도록 하는 게 아니라, 돈에 대한 '태도'를 가르치는 일! 경제교육의 진정한 목적을 생각해 보면 방향성이 보인답니다.

요즘 아이들의 꿈은 '돈 많은 백수'

깨비쌤 : 너희들은 꿈이 뭐야?

학생① : 아이돌 가수요!

학생② : 수의사요!

학생③ : 음… 저는 돈 많은 백수요!

학생들 : 와하하하, 저도요!

몇 달 전 초등학교 5학년을 대상으로 경제 수업을 하고 왔어요. 여러 회차에 걸쳐 수업하며 아이들과 꽤 친해졌답니다. "꿈을 이루는 데는 분명히 돈이 필요한 순간이 있으니 꿈을 위한 저축을 열심히 해야 한다"고 이야기하며, 아이들의 꿈을 물어봤지요. 근데 글쎄, 각 반에 서너 명은 '돈 많은 백수'가 꿈이라고 하더라고요. 비슷한 의미로 '건물주'를 이야기하는 아이도 있었습니다.

깜짝 놀랐습니다. 돈 많은 백수라니, 이건 한창 사회에 찌든 우리 어른들의 꿈 아닙니까? 이 말을 아이들 입에서 들으니 참신하기도 하고 놀랍기도 했어요.

> 깨비쌤 : 돈 많은 백수는 어떻게 될 수 있는데?
> 학생① : 로또를 사야 해요!
> 학생② : 비트코인이 떡상을 하면 돼요!
> 학생③ : 엄마가 건물 같은 거 물려주지 않을까요?

아이들은 한 방을 노리거나 부모를 철석같이 믿고 있더라고요. 예전처럼 한 푼 두 푼 저축해서 차곡차곡 쌓아가는 과정은 아이들의 계획에 없었습니다. 뭔가 안타까우면서도 딱히 반박하기 힘든 사실이기도 해요. 워낙 고물가 시대인 데다가 취업도 쉽지 않은 세상이잖아요. 어쩌면 노력으로 역경을 딛고 일어나 자수성가하는 건 우리 엄마들 시대의 철 지난 낭만일지도 모르겠습니다.

그래도 이렇게 해맑게 외치는 아이들은 그나마 동심이 살아있는 거예요. 얼마 전 한 다큐멘터리에서 보았던 아이들의 모습은 반대로 '현실적인 무력감' 그 자체였거든요.[1] 제작진이 초등 5학

---

1) 「그대들은 어떻게 살 것인가, 초등학생에게 물었습니다 – 어른도감 ep.35」 / 유튜브 채널 '지식채널e'

년 아이들에게 20년 뒤 모습을 그려보라고 했습니다. 하고 싶은 게 없다며 백수가 될 것 같다는 아이부터 편의점 알바 하면서 조기축구나 할 것 같다는 아이까지, 아이들은 그야말로 '현실'을 이야기하더라고요. 어른들이 일을 하는 이유는 그냥 돈을 벌려는 거고, 자기는 그냥 지금처럼 돈 안 벌고 편하게 살고 싶다며 우울해하더라고요. 어른이 되기도 싫대요. 어른은 돈을 벌어야 하는 힘든 존재니까요. 초등 5학년의 입에서 나온 말이라기엔 마음 아픈 이야기였습니다.

어차피 백수가 될 거라면 이왕이면 '돈 많은' 백수가 되고 싶다는 현실적인 아이들, 반대로 허황된 꿈을 이야기하며 현실을 외면하는 아이들. 누가 이들을 나무랄 수 있을까요. 어쩌면 우리 어른들이 그런 모습을 보여준 건 아닐까요. 아이들은 엄마 아빠의 말, 행동, 사고방식 등 모든 걸 배우니까요.

돈이 있어야 행복한 자본주의 세상 ✦⭐

돈에 대한 관심이 얼마나 높아졌는지, 최근 몇 년 사이에는 TV에서 대놓고 돈을 다루는 경우가 많아졌습니다. 심지어 지상파 공영방송에서 어린이들을 대상으로요. 연예인이나 운동선수의 사녀들이 유명 경제 유튜버와 힘께 나와서 돈 이야기를 하더군요. 예전 같으면 상상도 못할 일입니다. 몇 년 전만 해도 어른들조차 방송에서 돈을 언급하면 '돈 밝힌다'고 매도당하던 분위기였는데, 코로나 팬데믹으로 인한 자산 버블이 세상을 많이 바꿔놓은 것 같아요.

그중에서도 한 탤런트의 딸이 특히 기억에 남습니다. 그 탤런트는 2008년에 재테크 책을 출간했는데, 그 딸도 만만치 않더라고요. 지금은 경제 전문가로 변신한 개그맨과 마주 앉아서 주식 이야기를 하던 똘똘한 모습이 인상적이었습니다.[2]

개그맨 : 어떤 주식에 관심이 있어?

어린이 : 저는 제가 주로 쓰는 것에 투자해요. 저도 ○○패드 쓰고, ○○폰 쓰고…. 저희 학교에서도 무조건 이 패드를 써야 하니까….

개그맨 : 우와, 일상에서 투자를 하는 법을 벌써 깨우치고 있는 거네.

본인이 자주 쓰는 물건 등 주변에서 투자 아이디어를 찾고 분할 매수 전략으로 투자한다는 열한 살 아이의 모습에 어른의 입이 떡 벌어졌습니다. 아무리 엄마가 재테크 잘 하는 사람이라고 해도 우

---

2) 「성공한 현희 삼촌과 성공할 똑다인 – 자본주의 학교」, / KBS. 2022.1.31. 방송

리가 보통 알고 있는 열한 살짜리의 모습과는 사뭇 달랐으니까요.

서점에 가도 분위기의 변화가 확 느껴집니다. 유대인들 이야기만 가득했던 경제교육 도서 매대에 이제 한국식 경제교육 이야기가 넘쳐납니다. 5년 전 제가 첫 책 『돈을 아는 아이는 꾸는 꿈이 다르다』를 냈을 때는 '돈'이라는 단어가 표지에 들어가도 되나를 두고 고민이 많았는데, 그때와는 달라도 너무 다릅니다. 지금은 대놓고 '우리 아이는 부자로 키우고 싶다'는 부모의 욕망을 건드립니다. 어떤 서점에서는 별도로 경제교육 코너를 운영하기도 하더라고요. 역시나 예전 책을 낼 때 '경제교육'이라는 게 육아·교육 분야인지 아니면 경제 분야인지, 그 사이에서 방황했던 것과 비교하면 격세지감입니다.

지금의 부모 세대가 어렸을 때만 해도 '열심히 일하면 성공한다'는 것이 부자 되는 공식이었습니다. 한때는 금리가 20%를 넘어갈 정도로 고금리였기 때문에 저축만 잘 해도 내 집 마련은 문제 없는 시기가 있었지요. 그러니 과거에는 주식 투자를 한다는 초등학생을 보며 "무슨 애들이 이렇게 돈을 밝히나. 세상 말세네, 말세야"라고 말하는 게 당연했을지 모릅니다.

하지만 이제는 단지 열심히 일하는 것만으로는 성공하기 어려운 시대라는 것을 모두가 압니다. 집값, 생활물가, 교육비 등 모든 것이 올랐고 개개인의 씀씀이 단위도 예전보다 엄청나게 커졌으니까요.

　이제는 아이들도 어른 못지않게 돈을 씁니다. 아이들도 자연스럽게 알고 있습니다. 지금은 돈이 개인의 행복을 좌우할 수 있는 자본주의 사회라는 것을요. 돈이 그 무엇보다 큰 가치를 가지게 된 지금, 자녀를 위한 경제교육은 이 자본주의 사회에서 '사람답게' 살기 위해 꼭 해야 할 생존교육이 되었습니다.

제대로 된
어린이 경제학원
어디 없나요

"너는 아직도 현금으로 용돈 받아? 나는 ○○카드로 용돈 받는다!"

모 카드사의 광고 문구처럼 아이들이 돈을 쓰는 방식도 바뀌고 있습니다. 현금이 아니라 카드를 들고 다니고, T머니 등 선불 충전 방식으로 용돈을 받아 사용하는 경우도 많아졌지요. 예쁘게 디자인된 카드를 들고 다니면 현금보다 좀 더 '힙'해 보이고 어른이 된 느낌이 듭니다. 친구가 카드를 긁는 모습이 멋있어서 자기도 카드로 용돈 달라고 엄마를 조르는 모습도 흔하게 볼 수 있지요.

이런 트렌드는 시장경제의 최전선에서 몸집 가볍게 움직이는 스타트업들이 주도하고 있습니다. 카드 발급이 어려운 아이들도 용돈을 카드로 받아 쓸 수 있는 다양한 핀테크 서비스가 출시되었어요. 부모나 친척들과 계좌를 연결하여 용돈을 쉽게 주고받고,

금융 퀴즈를 풀면 용돈 포인트가 쌓이기도 하지요. 덕분에 아이들은 재미있게 경제·금융 지식을 접하고 스마트하게 돈을 관리하는 법을 배웁니다. 종이에 손으로 적는 용돈기입장 대신 스마트폰 앱에서 용돈지출 내역을 관리하지요.

금융권에서도 이 시장을 놓칠 리가 없습니다. 한번 익숙해지면 거의 평생 고객이 되는 금융서비스의 특성상 어린아이들을 고객으로 끌어들이는 것은 무척 중요할 테니까요. 전통적인 제1금융권은 물론 젊은 층이 많이 쓰는 인터넷은행이나 증권사에서도 아이들을 겨냥한 용돈 카드와 자금 관리 서비스를 앞다투어 내놓고 있습니다.

엄마와 다른 시대를 사는 자녀들 ✦˙

금융기업들의 행보 못지않게 부모들도 '현실 경제공부'를 시키기 위해 발 빠르게 움직입니다.

사업가들이 많이 산다는 강남에서는 아이들에게 사업 공부를 시키는 게 유행입니다. 사업하는 엄마 아빠들이 힘을 모아 아파트 커뮤니티 내의 자녀들을 대상으로 사업 조기교육을 하는 사례도 발견됩니다. 실제로 그 아이들이 다니는 학교에는 부모들의 재능

기부 프로그램으로 '투자'나 '사업'이라는 주제의 시간이 별도로 편성되어 있다고 해요.

이게 바로 그들이 사는 세상인가 싶으면서도, 한편으로는 부럽기도 합니다. 세상이 달라진 만큼 경제교육도 달라질 때가 됐으니까요. 용돈을 받고 아끼고 절약하는 것에서 한발 더 나아가 투자나 사업 그리고 실제 금융상품 공부까지도 확장되는 게 바람직합니다.

근데 우리처럼 평범하게 살아온 보통 엄마들에게는 이게 참 낯설고 막막합니다. 우리가 어릴 때 받아온 경제교육은 '용돈 아끼기'가 전부였으니까요. 돈이라는 건 어른이 되면 자연스럽게 알게 되는 건데 굳이 교육까지 해야 한다고 생각하지도 않았지요. 그런 우리가 아이들을 앉혀 놓고 투자와 금융을 가르쳐야 한다니, 정말 막막합니다. 그래서일까요? 요즘 학교 학부모회에서 수요가 많은 연수 주제가 자녀 경제교육이라고 하더라고요.

저 역시 아직 어린 자녀를 키우는 엄마로서, 주변을 둘러보면 엄마들의 고민은 비슷합니다. 아이가 돈을 너무 많이 써서 걱정이라고, 그렇다고 용돈을 적게 주자니 친구들 사이에서 소외될까 걱정이라고요.

돈이 흔해진 시대에 막상 우리 아이만 통제하기도 애매하고, 그렇다고 마냥 허락하려니 끝이 없습니다. 뭔가 우리 때와는 다르게 교육해야 할 것 같은데 방법을 모르겠으니 어떡해야 할까요?

경제교육은 여전히 국·영·수에 밀릴 뿐 ✦★

"혹시 ○○ 지역에 어린이 주식학원, 어린이 경제학원 없나요?"

한 맘카페에 올라온 글의 제목입니다. 아이에게 경제를 좀 알려주고 싶은데 내가 모르겠으니, 사교육의 힘이라도 빌려야겠다는 내용이었어요.

수요가 있는 곳엔 공급이 있는 법. 기존 학원들이 이 기회를 놓칠 리가 없지요. 한 영어학원에서는 경제와 영어를 함께 배우는 클래스를 열었더군요. 다른 수학학원에서는 '경제수학'이라는 이름으로 융합 프로그램을 만들어서 홍보하고 있고요. 어떤 부동산 투자자는 「우리 아이 건물주 만들기」 프로그램을, 또 다른 주식 투자자는 「우리 아이 30억 만들기」라는 1년짜리 온라인 프로그램을 오픈하기도 했습니다. 아직까지 블루오션인 경제교육 시장은 먼저 돗자리 펴는 사람이 임자인가 봅니다.

하지만 이런 사교육도 아직 보편적이라 하기는 어렵습니다. 지역 분위기에 따라 다르고, 아는 사람들만 찾아서 하고 있더라고요. 여전히 보통의 가정에서 경제교육은 후순위입니다. 아직까지는 국·영·수 성적부터 올리는 게 급하니까요. 그런데 어쩌죠? 우리의 느린 속도는 알아주지도 않은 채 세상을 바꿔 놓을 거대한 변화가 일어나는 중입니다.

우리 아이는
AI와 경쟁할 수
있을까

　세상을 바꿔 놓을 또 하나의 '핫템'이 등장했습니다. 인류의 생존 여부가 달렸다고 할 정도로 파급력이 셉니다. 바로 '챗GPT'를 필두로 한 AI 기술의 발전이지요. 챗GPT의 등장과 함께 2015년에 나왔던 인공지능 로봇 알파고는 이제 완전 호랑이 담배 피우던 시절 이야기가 되었습니다.

　2016년 3월, 알파고가 이세돌 9단과 바둑 시합을 했을 때 '설마' 하는 마음으로 대국을 지켜봤던 기억이 납니다. 아무리 인공지능이라 해도 21세기 최고의 바둑 고수라 불리던 이세돌 9단의 적수가 될까 반신반의했지요. 하지만 무려 다섯 판 중에 네 판을 알파고가 이겼습니다. 이세돌 9단은 간신히 한 판을 승리할 수 있었지요. 몇 년이 지난 지금, 전문가들은 지금의 챗GPT가 바둑을 두면 인간은 그나마 한 판도 이기지 못할 거라고 입을 모으더라고요. 불과 몇 년 만에 차원이 다른 AI가 등장한 겁니다.

챗GPT는 세상의 모든 지식을 바탕으로 콘텐츠를 만들어 주는 생성형 AI입니다. 미드저니(Midjourney)라는 AI는 그림을 그려주고, 수노(SUNO)나 우디오(UDIO)라는 AI는 서너 번의 클릭만으로 노래를 만들어 줍니다. 이제는 음악이나 미술을 전공하지 않아도 예술가가 될 수 있는 시대가 열린 거지요.

문제는 이렇게 생성된 결과물이 인간의 능력을 능가할 정도로 너무나 자연스럽고 품질이 굉장히 뛰어나다는 겁니다. 미드저니가 그린 그림이 미술대회에서 1등을 하고,[3] 챗GPT는 하버드 로스쿨 논술시험을 대신 봐도 들키지 않을 만큼 완벽하다고 해요.

영상 기술은 말해 뭐해요. 어떤 유튜브 채널은 생성형 AI로 만든 매력적인 여성의 모습을 전문적으로 다루는데, 너무 예쁘고 자연스럽습니다. 영상 속에서 나를 보며 웃고 있는 미녀를 보면 아줌마인 저조차 반할 지경입니다. 이러니 요즘 젊은이들이 더 연애하기 힘든 거 아닌가 싶을 정도예요. 이제는 내가 보고 있는 것이 진짜인지 가짜인지 구분하기조차 어려워진 세상입니다. 하긴, 구분하는 게 무슨 의미가 있을까 싶기도 하고요.

시대가 흐르면서 기술이 발전하는 것은 너무나 당연한 현상입

---

3) 「스페이스 오페라 극장(Theatre D'opera Spatial)」 / 2022 미 콜로라도 주립 박람회 주최 미술대회 1등 작품

니다. 지금도 이미 단순한 일들은 대부분 기계가 대신하고 있는걸요. 서빙 로봇이나 길 안내 로봇을 곳곳에서 만나는 게 이상하지 않은 시대니까요.

사람이 해왔던 일을 AI가 대신 해주면 우리는 편해지는 부분이 분명히 있지요. 단순 업무는 AI에게 맡기고, 사람은 창의적인 일 혹은 전략 수립 등 머리 쓰는 일에 집중할 수 있으니 얼마나 좋아요. 하지만 문제가 있습니다. 요즘 AI는 단순히 일을 대신 해주는 것을 넘어서 마땅히 사람이 해야 할 영역까지 대신 할 수 있게 되었다는 거예요. AI가 스스로 '판단'을 하기 시작했다는 겁니다.

2090년, 우리는 단순노동자가 된다 ✦˙

지난 2017년에 서울대 유기윤 교수팀에서 발표한 「미래사회 보고서」라는 연구결과가 있습니다. 여기에는 2090년 미래의 노동시장을 계급으로 나눈 피라미드 그림이 등장합니다. 상당히 충격적인 연구결과이지만, 2017년에는 아직 챗GPT가 나오기 전이었기에 그다지 체감되지는 않았었어요. 그런데 챗GPT 등장 이후 여기저기서 이 그림이 다시 회자되는 중입니다. 현실이 진짜로 그렇게 변하고 있다는 게 피부로 느껴지거든요.

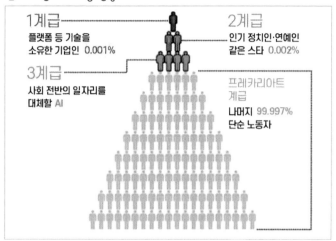

▌2090년 미래 계급 전망

1계급
플랫폼 등 기술을
소유한 기업인 0.001%

2계급
인기 정치인·연예인
같은 스타 0.002%

3계급
사회 전반의 일자리를
대체할 AI

**프레카리아트
계급**
나머지 99.997%
단순 노동자

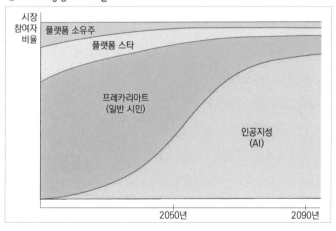

▌미래 시장참여자 비율

시장
참여자
비율

플랫폼 소유주

플랫폼 스타

프레카리아트
(일반 시민)

인공지성
(AI)

2050년

2090년

(출처: 『미래사회보고서』, 2017, 서울대학교 유기윤 교수팀)

1계급은 플랫폼을 소유한 기업인들입니다. 0.001%로 제일 상위에 있네요. 바로 지금 우리가 많이 활용하고 있는 플랫폼 서비스들을 소유한 기업인들이지요. 그리고 그 바로 아래에 정치인이나 연예인과 같은 플랫폼 스타들이 2계급을 차지합니다. 이들은 플랫폼상에서 콘텐츠를 생산하고 퍼트리는 소위 인플루언서입니다. 플랫폼이 발전할수록 플랫폼에서 영향력을 가진 이런 스타들의 몸값은 높아질 수밖에 없겠지요.

그리고 놀랍게도 3계급은 사회 전반의 일자리를 대체할 AI라고 합니다. 우리 같은 평범한 사람의 99.997%는 AI 아래에서 단순노동을 하는 프레카리아트(precariat) 계급이 될 거라는 거예요. 쉽게 말해, 로봇이 시키는 일을 하는 사람이 될 거라는 이야기입니다.

2090년이면 아직 멀었으니 나와는 무관한 이야기로 느껴지시나요? 하지만 지금도 우리 생활에서 이런 모습을 쉽게 볼 수 있어요. 요즘 패스트푸드점이나 카페 등 웬만한 곳에서는 키오스크로 주문하는 게 당연한 모습이 되어버렸습니다. 주문을 받고 돈 계산을 하는, 예전이라면 사장님이 하던 일들을 지금은 기계가 대신하고 있는 거지요. 기계가 주문을 받아주면 주방에 있는 사람이 그 명령에 따라서 요리를 만들기 시작합니다. 햄버거를 만들거나 감자를 튀기는 일입니다. 그리고 흔히 가장 허드렛일이라고 생각하는 청소도 사람이 하지요. 이마저도 조만간 인공지능을 장착한 청소 로봇이 나오겠죠?

　서울대 연구팀에서는 이렇게 네 개의 계급으로 분화된 시민들이 매우 특이한 환경 속에서 살아갈 것으로 예측했습니다. 가상현실 기술이 발전하면서 점차 현실 세상과 가상현실이 공존하게 되고, 우리는 가상현실에서 사는 시간이 점점 많아질 거라고요. 그러면서도 우리 같은 일반 시민들의 노동은 갈수록 그 값어치가 낮아질 테고, 결국 경제적으로 커다란 빈곤에 처하게 될 거라고요.

　섬뜩하지 않나요? 우리 대부분이 4계급에 속할 거라고 생각하니까 정말 무섭습니다. 그 세상이 아직까지는 상상되지 않으니 막막하기도 하고요.

AI를 지배하는 사람 vs AI에게 지배당하는 사람 ✦⋆

　미래에 99.997%의 사람이 단순노동자로 살아가게 된다면 확률적으로 나와 우리 아이들이 거기에 속하는 것이 이상하진 않을 겁니다. 하지만 왠지 그렇게 살기는 싫습니다. 우리 아이들은 그렇게 되지 않았으면 좋겠어요. 이왕이면 AI 위에서 AI를 지배하는 사람이 되면 좋겠습니다. 생존본능인지도 모르겠어요.

　그럼 이제 우리는 어떻게 살아야 하는 걸까요? 미래를 살아갈 아이들에게 우리는 어떤 교육을 해야 하는 걸까요? 더 늦기 전에 코딩부터 가르쳐야 하는 걸까요? 마음이 급해집니다. 요 몇 년간 왜 그렇게 코딩교육이 선풍적 인기를 끄는지 이해가 됩니다. 하지만 미래인재에게 필요한 능력이라며 광고하는 코딩은 사실 가장 마지막에 배워도 되는 기술적인 부분입니다. 심지어 코딩은 AI가 더 잘 하는 영역이기도 하고요.

차분히 생각해 봅시다. AI가 가지지 못한 것은 뭔지를요. 많은 지식 외우기? 사람이 AI를 따라가지 못하겠죠. 수학 문제 잘 풀기? 어떻게 AI와 비교를 하겠어요. 그림 잘 그리기? 이미 AI가 그림대회에서 1등 하는 것 보셨잖아요. 옆의 그림을 보면 얼마나 많은 직업이 AI로 대체될 수 있는지 아실 거예요.[4]

■ 직업별 AI 노출 지수

AI노출 지수가 높을수록 AI대체가능성이 큼
단위: %(AI 노출 지수 상위)

직업	지수
의사·한의사	상위 1% 이내
전문의	7
건축가	13
수의사	15
회계사	19
판·검·변호사	21
간호사	22
경찰	23
치과의사	46
화가·조각가	48
중고교 교사	57
육아 도우미	75
약사·한약사	83
기자·언론인	86
성직자	98
대학교수	99
가수·경호원	100%

AI 대체 가능성 큰 직업 ↑

AI 대체 가능성 작은 직업 ↓

4) 「AI와 노동시장 변화」 보고서 2023-30호, 한국은행 / 연합뉴스 2023년 11월 16일자에서 재인용

이렇게 사람이 가진 능력 중에서 AI가 할 수 있는 것을 하나하나 빼고 나니 결국 '인간의 본질'만 남네요. '인간다움' 말입니다. 인간이기 때문에 가능한, 인간만이 할 수 있는 고유한 능력. 그게 뭐냐고요? 나의 생각을 표현할 수 있는가, 상대방 입장에서 생각할 수 있는가, 세상을 바라보는 통찰력을 가지고 있는가, 그리고 세상의 문제를 해결할 주체적 의지가 있는가. 결국 이것이 미래에 인간과 기계를 가르는 기준이 될 겁니다.

어휴, 너무 진지해졌네요. 요즘 AI가 만들어내는 콘텐츠들을 접하다 보니 무서워졌거든요. 사실 이 책을 쓴다고 했을 때도 주변인들은 "챗GPT에게 써달라고 해"라고 하더라고요. 요즘 세상에 책을 사람이 한 글자씩 일일이 쓰는 게 얼마나 미련하냐면서요. 실제로 미래에는 전문작가라는 직업도 AI가 대체할 거라고 하더라고요. 하지만 이런 문제를 제기하는 사람인 나조차 AI에게 내 책을 맡길 수는 없지요! 물론 이 문장을 쓰면서도 챗GPT를 소환할까 100번도 넘게 고민했다는 건 안 비밀입니다.

그래도 눈 질끈 감고, 생각하는 힘마저 AI에게 빼앗길 수 없다는 신념으로 계속 두 손으로 키보드를 두드려 볼게요. 거창하게 AI 이야기를 했지만, 당장 급한 건 우리 아이들의 현실이니까요. 이런 현실 이야기는 AI도 모른다는 생각으로, 아자아자!

자기주도력을 키우는
돈 공부의 7단계

이런 세상에서 우리 아이들이 길러야 하는 것은 생각하는 힘입니다. 문해력의 중요성이 요즘 다시 대두되는 이유죠. 여기에 자기주도력을 더하면 좋겠습니다. AI는 누군가 일을 시키길 기다리는 존재잖아요. 사람처럼 스스로 알아서 일을 찾아 하지는 않지요. 우리에게 스스로 생각하고 자기주도적으로 문제를 해결하는 힘이 있다면 적어도 AI가 시키는 일만 하는 사람이 되지는 않을 겁니다.

저는 경제교육이 자기주도적으로 생각하는 힘을 기르는 좋은 수단이라고 생각합니다. 세상의 문제를 발견하고 해결할 수 있는가, 수많은 선택의 순간에 합리적인 선택을 할 수 있는가. 이것을 연습하는 게 바로 경제교육이거든요.

자, 다시 경제교육 이야기로 돌아와 봅시다. 결국 우리의 생존은 AI 시대를 어떻게 대비하느냐에 달려 있다고 했지요. 저는 경제교육으로 그 고민의 상당 부분을 해결할 수 있다고 믿습니다. 특히 앞에서 말씀드린 통찰력, 문제해결력, 자기주도력 모두 경제교육으로 훈련할 수 있겠더라고요. 경제교육은 현재 닥친 경제적 문제를 해결하는 것과 동시에 미래를 대비하는 교육이기도 한 겁니다.

지금부터는 본격적으로 미래에 필요한 능력을 자연스럽게 키우는 방법을 이야기해 보겠습니다. 그래서 경제교육, 뭐부터 해야 하냐고요? 여러 가지 책과 전문가들의 의견, 그리고 제 경험을 종합해 보니 돈 공부의 순서를 나열할 수 있었습니다. 하나씩 차례대로 짚어 보겠습니다.

1단계 : 돈의 개념 및 역할 이해하기 ✦˚

아이들에게 돈의 역할이 무엇이냐고 물으면 대부분은 뭔가를 살 때 쓰는 거라고 대답합니다. 맞습니다. 사실 이것이 돈의 가장 기본적인 역할이지요. 하지만 돈이 그저 물건 사는 데에 쓰이는 것이라고만 생각하면 돈을 벌고 모으는 것도 결국 '쓰기 위해서'라고 생각해버릴 위험이 크지 않을까요?

돈이라는 것, 나아가 경제라는 것은 우리 생활에 많은 영향을 미치잖아요. 경제가 어려워져서 수입이 줄어들면 당장 우리 가족의 행복이 침해받습니다. 그래서 돈은 단순히 '쓰기 위한 것'을 너머 원하는 꿈을 이루고, 가족의 행복을 지키는 수단으로서 매우 중요한 역할을 합니다. 이러한 사실을 제대로 이해하는 것은 경제교육을 위한 기본 중의 기본이지요.

그렇지만 너무 어렵게 생각할 필요는 없어요. 돈에 대한 지식을 잔뜩 쌓아 주자는 게 아니라, 돈에 대한 태도를 키워 주자는 뜻이거든요. 바로 지금까지 우리가 이야기한 내용들이랍니다. 돈을 함부로 대하지 않는 게 왜 중요한지를 알려주고, 꿈을 이루기 위해서는 현명하게 돈을 벌고, 모으고, 불려야 한다는 사실을 알려주는 게 경제교육의 시작입니다. 돈을 마구 써버리는 것도 문제지만 너무 구두쇠처럼 모으기만 해서 인간관계에 지장을 주는 것도 문제잖아요. 후술할 돈의 역할 세 가지를 통해 돈에 대한 태도를 제대로 키워주면, 우리 아이들은 험한 세상에서 흔들리지 않는 균형 잡힌 어른으로 당당하게 성장할 거예요.

2단계 : 돈 버는 법 배우기 ✨⭐

돈이 무슨 역할을 하는지 이해했다면 이제 돈을 벌어볼 차례입니다. 보통 우리는 돈을 버는 것보다 쓰는 것부터 접하게 되지요.

하지만 그 돈은 버는 행위, 즉 노동이 있었기에 얻을 수 있었던 것입니다. 우리 엄마 아빠들도 회사나 사업장에서 노동을 하며 돈을 벌잖아요. 이처럼 아이들도 직접 일을 해서 돈을 벌어보는 경험을 하게 해주세요.

아이들은 아직 정식으로 고용되어 일할 수 없는 연령이니 집에서 일을 시키는 '홈 아르바이트'로 시작하면 됩니다. 혹은 부모님의 일터에 데리고 가서 엄마 아빠가 일하는 모습을 보게 해도 좋아요. 진짜로 돈을 벌지 않더라도 노동의 가치를 이해하는 과정이 되니까요. 돈은 어디서 뚝 떨어지는 게 아니라는 것, 돈을 버는 게 이렇게나 힘들다는 것을 이해하기 시작하면 그때부터 돈을 대하는 태도가 달라질 겁니다. 미국의 초대 대통령 링컨도 이렇게 말했대요.

"자본은 노동의 아들이다."

노동이 먼저 있었기에 자본(돈)이 있을 수 있다는 뜻이겠지요?

3단계 : 돈 모으는 법 배우기 ✦

돈을 벌고 나면, 그 다음은 모으는 게 먼저일까요, 쓰는 게 먼저일까요? 이 질문을 던지면 어른들은 쓰는 게 먼저라는 비율이 높고, 아이들은 모으는 게 먼저라고 답하는 비율이 높습니다. 네, 돈을 번 다음 할 일은 '쓰기'가 아니라 '모으기'가 먼저입니다. 먼저 저축할 용도로 돈을 떼 놓고, 그 다음에 남는 돈을 쓰는 거지요.

이 부분은 부모님들의 돈 관리에도 마찬가지로 적용됩니다. 쓰고 남는 돈을 저축해야겠다고 생각하는 분들이 많지만 어디 그게 잘 되던가요? 쓰다 보면 돈이 남지 않습니다. 먼저 저금할 돈부터 뚝 떼어 놓고 그다음에 남는 돈에서 쓰는 연습을 시작해 봅시다. 그래야 종잣돈이 모입니다.

4단계 : 돈 쓰는 법 배우기 ✦˙

와, 드디어 기다리던 돈 쓰기! 무슨 돈 쓰는 걸 배우기까지 하나 싶겠지만, 돈을 '잘 쓰는' 방법은 따로 있답니다. 우리가 돈을 쓸 때는 늘 선택의 문제에 부딪히잖아요. 돈이란 건 무한정 있는 게 아니기 때문에 그렇지요. 한정된 돈을 잘 쓴다는 것은 갈림길에서 합리적 선택을 할 수 있다는 말과 같습니다.

이건 일상에서 연습할 수 있도록 부모님이 계속 기회를 만들어 주셔야 합니다. 어렵지 않아요. 평소 마주치는 선택의 순간에 아이들이 생각하며 선택할 수 있도록 질문을 던져주시면 충분합니다. 어떤 식으로 질문하면 좋을지는 뒤에서 다시 한 번 다뤄 볼게요.

5단계 : 돈 불리는 법 배우기 ✦

근로소득 외에 시스템으로 돈을 버는 '사업소득'과 돈이 돈을 벌어오는 '자본소득'을 이해하는 과정입니다. 자본주의 사회에서 저축만으로는 미래를 준비하기 어렵잖아요. 살아남기 위해서 돈 불리기는 꼭 필요한 과정입니다. 저축을 통해 종잣돈을 모으고, 사업으로 확장하거나 주식·펀드 등의 금융상품으로 불릴 수 있도록 차근차근 준비해 보아요. 이 과정에서 바람직한 투자는 어떻게 해야 하는지는 뒤에서 자세히 말씀드릴게요.

6단계 : 세상과 나누는 태도 익히기 ✦

돈 공부의 마지막 순서는 '돈 나누기'입니다. 저는 아이들에게 우리가 가진 것을 '열매'라고 표현하는데요, 이 열매를 나 혼자 먹어버리는 게 아니라 다른 사람들과, 그리고 세상과 나누는 기쁨도 알았으면 합니다. 혼자 먹으면 나만 즐겁지만, 세상과 나누면 다 함께 행복해지거든요.

하지만 "나는 나눌 돈이 없는데요?"라고 이야기하는 아이들이 많을 거예요. 근데요, 돈이 없는 아이들도 나눌 수 있는 것들이 참 많답니다. 일단 시작은 '나'를 넘어서 '우리'를 생각하는 거예요. 이것이 바로 우리가 그토록 길러주고 싶어 하는 기업가정신의 기본이기도 합니다.

7단계 : 스스로 미래 설계하기 ✨

부모들이 절대 잊지 말아야 할 점이 있는데요, 바로 '돈을 많이 버는 것'은 경제교육의 최종 목표가 아니라는 사실입니다. 아니, 당연히 우리 아이가 부자 되라고 공부시키려는 건데 그게 무슨 소리냐 싶으신가요?

하지만 생각해 보세요. 자기가 하고 싶은 게 뭔지도 모른 채 엄마 아빠가 하라는 대로 했더니 돈이 많아지긴 했습니다. 그러면 그 아이들은 과연 행복할까요? 정말 그렇다면, 엄마가 태워다 주는 대로 학원 뺑뺑이를 돌고 하루 열 몇 시간씩 공부만 하면서 힘들게 들어간 '스카이(SKY) 대학교 학생들이 왜 적응하지 못하고 자퇴를 할까요? S그룹 같은 고연봉 직장에 들어간 젊은이들은 왜 1년도 못 버티고 뛰쳐나오는 걸까요? 돈 많기로는 둘째가라면 서러울 재벌 3세들은 왜 그렇게 사건 사고를 많이 일으키는 걸까요?

제가 생각하는 경제교육의 최종 목표는 '자신의 꿈을 스스로 정

▌ 돈 공부의 순서

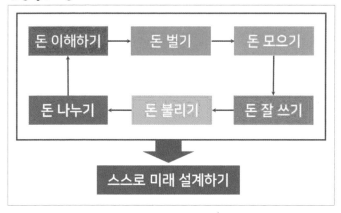

하고 이를 실천해가는 것'입니다. 제가 전작의 제목을 『돈을 아는 아이는 꾸는 꿈도 다르다』라고 정한 이유도 바로 이거랍니다. 엄마 아빠가 정해주는 꿈이 아니라 진짜로 자기가 좋아하는 꿈을 찾아내고, 그 꿈을 이루기 위한 준비를 스스로 해나가는 거지요.

돈으로 행복을 살 수 없다는 말은 진실이라고 생각합니다. 하지만 행복해지기 위해서 어느 정도의 돈은 필요하다는 것도 진실이라고 생각해요. 우리 아이가 스스로 꿈을 정했을 때, 정작 그걸 준비하기 위한 자금이 없다면 너무 슬프잖아요. 그렇다고 부모가 무제한으로 자금을 대줄 수도 없고요. 정말 이루고 싶은 꿈이라면 아이는 스스로 능력을 키우려고 할 거예요.

물론 이것은 엄밀히 말해서 경제교육의 한 단계라기보다는 경제교육을 통해서 얻어지는 결과라고 봐야 합니다. 그렇지만 돈 공부의 최종 목표는 '자신의 꿈을 스스로 정하고 이를 실천해가는 것'이라는 저의 생각, 이제 이해되셨을 거라 믿습니다.

돈 공부의 순서가 대략 정리되셨나요? 하지만 아직은 각 단계마다 뭘 해야 할지 막막하실 거예요. 그래서 지난 몇 년간 수많은 경제교육과 관련 강의를 하면서 이 과정을 7단계로 깔끔하게 다듬어왔답니다. 우리 아이들과 직접 해봤던 다양한 활동을 체계적으로 배치하고, 챌린지 프로그램으로 만들어 여러 엄마들과 진행해보았어요. 우리 집에서 해온 방법이 다른 집에도 통하는지 테스트해 본 거지요.

오, 근데요, 이게 효과가 있더라고요? 엄마가 경제를 잘 몰라도 가능! 글씨를 모르는 어린아이들도 가능! 그냥 꾸준히 했을 뿐인데 아이들이 달라지더라! 기대되지 않나요? '경알못(경제를 알지 못하는)' 엄마들도 할 수 있는 아주 쉬운 경제교육! 지금부터 일명 '돈꿈챌'[5]의 세계로 여러분들을 초대합니다!

---

5) '돈꿈챌'은 저의 전작 『돈을 아는 아이는 꾸는 꿈이 다르다』의 제목을 빌려 만든 엄마표 경제교육 7단계 챌린지 프로그램 제목입니다. 줄여서 '돈꿈챌'이라는 애칭으로 부르고 있어요.

나와 아이들이 일상에서 돈으로 하는
다양한 경제 활동을 의식적으로 떠올려보세요.
그 순간 돈은 어떤 역할을 하고 있는지 연결지어 보세요.
자연스럽게 돈의 역할을 이해하게 될 거예요.

우리가 미처 몰랐던 돈의 3가지 역할

깨비쌤 : 얘들아, 돈이 뭘까? 돈은 뭐 할 때 쓸 수 있어?

학생① : 뭐 사 먹을 때 써요!

학생② : 게임기 사요!

학생③ : 기분이 꿀꿀할 때 돈으로 행복을 사요!

학교 수업에서 아이들에게 물었습니다. 대부분의 아이들이 뭔가를 산다고 답을 하네요. 맞는 말입니다. 돈의 세 가지 역할 중 첫 번째인 '교환수단'으로서의 역할이죠. 하지만 돈의 역할은 그 외에도 두 가지가 더 있습니다. 돈의 역할을 이해하는 것은 합리적 선택을 하는 기준이 되니, 조금은 지루할 수 있겠지만 차근차근 이해하고 시작해 봅시다.

교환 수단의 역할

첫 번째로 돈은 '교환 수단'의 역할을 합니다. 우리가 시장에서 물건을 사거나 누군가에게 서비스를 받을 때 돈을 내잖아요. 돈과 물건, 또는 돈과 서비스를 서로 바꾸게 되지요. 이게 바로 돈의 교환 기능입니다. 이것은 아이들이 돈의 역할 중에서 가장 먼저 알게 되는 것이기도 합니다. 더 설명이 필요 없을 정도로 익숙한 개념이니, 이쯤에서 패스!

가치 측정의 역할

두 번째로 돈은 어떤 물건이나 서비스의 가치를 비교하는 척도로 사용됨으로써 '가치 측정'의 역할을 합니다. 마치 줄자로 물건의 길이를 재듯 돈으로 물건이나 서비스의 가치를 재는 거예요. 김밥집 메뉴판을 떠올려 보세요. 기본 메뉴인 야채김밥은 3,000원인데 소고기김밥은 5,000원으로 가격이 다르잖아요. 두 김밥이 가진 가치가 다르다는 것이 돈으로 표현된 거랍니다.

돈이 이런 측정 역할을 해주기 때문에 서로 다른 종류의 물건 및 서비스의 가치를 비교할 수 있게 돼요. 예를 들면 놀이동산에 가는데 10만 원이 든다고 했을 때 "이건 2만 원짜리 치킨을 다섯 마리 먹을 수 있는 값이야"라고 표현할 수 있는 거죠.

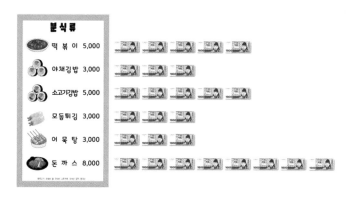

가치 저장의 역할

돈은 마지막으로 '가치 저장'의 역할을 합니다. 돈을 은행에 저축하는 바로 그 기능입니다. 저축은 미래를 대비하여 현재의 돈을 보관해 두는 거잖아요. 지금 이 순간 돈의 가치가 그대로 저장되었다가 나중에 필요할 때 그대로 빼서 사용할 수 있지요. 돈이 아닌 실제 물건들, 예를 들어 음식이나 옷가지 같은 것들은 오래 보관했다가 나중에 꺼내 쓰기가 어렵고, 꺼내 쓴다고 해도 처음의 가치가 그대로 남아 있기 어렵잖아요. 하지만 돈은 가능하답니다.

이미 다 알고 있는 개념이지만 이렇게 정리해 보니 새롭지요? 사실 우리는 이미 어린 시절부터 이런 개념들을 익혀 왔답니다. 은행놀이, 시장놀이, 병원놀이를 통해서요. 나와 아이들이 일상에서 돈으로 하는 다양한 경제 활동을 의식적으로 떠올려 보세요. 그 순간 돈은 어떤 역할을 하고 있는지 연결 지어 보세요. 자연스럽게 돈의 역할을 이해하게 될 거예요.

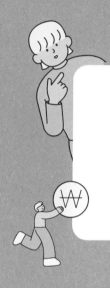

2장

집안일로
노동의 가치를 배워요

경제교육에서 제일 처음 해야 할 일은 아이들에게 노동의 가치를 알려주는 겁니다. 그래야 돈의 소중함을 알게 될 테니까요. 하지만 아직 어린아이들에게 돈을 벌어오라고 내몰기엔 세상이 너무 불안하지요. 그렇다면 좋은 방법이 있습니다. 집안일을 도우며 용돈을 받는 '홈 아르바이트'를 이용하는 것이랍니다.

요즘 아이들은
부모가 돈 버는 걸
본 적이 없다

첫째 : 엄마는 회사 가면 뭐해?

엄마 : 일하지.

첫째 : 무슨 일?

엄마 : 회사에서 엄마가 맡은 일. 사장님이 시키는 일도 하고.

첫째 : 그래서 그 일이 뭔데?

엄마 : 음? 글쎄, 뭐라고 얘기해야 할까….

첫째가 초등학교 저학년 때였어요. 행여나 지각할까 아이들을 채근하고 있었는데 갑자기 묻더라고요. 대체 회사 가면 뭘 하길래 맨날 그렇게 회사에 열심히 가냐고요. 등교와 출근 준비를 병행하느라 정신없던 와중에 이 질문을 받으니 마땅한 답이 떠오르지 않았습니다. 이 질문 덕분에, 그날은 회사에서 '나는 무슨 일을 하고 있는 걸까' 종일 생각했던 기억이 납니다.

코로나 팬데믹 시기에는 재택근무를 했는데, 하루 종일 컴퓨터만 쳐다보고 있는 엄마가 이해되지 않았나 봐요. '일'을 한다면서 왜 컴퓨터만 보는지 궁금해 하더라고요. 그럴 만도 하지요. 아이들에게 컴퓨터는 일이 아니라 게임이나 놀이를 하는 도구에 가까우니까요. 그러고 보니 아이들에게 일한다는 것의 의미를 제대로 이야기해준 적이 없는 것 같습니다. '일한다'라는 세 글자에 담겨 있는 의미, 뭐라고 설명해야 할까요?

아이들은 돈 버는 것의 의미를 알고 있을까 ✦

어린 시절 저희 아버지는 군인이셨어요. 부대 근처 관사에 살았기에 아빠가 일하시는 모습을 가까이서 볼 수 있었지요. 나라를 지킨다는 게 어떤 의미인지, 평소에 어떤 식으로 훈련하시는지도 익숙하게 보고 배웠습니다. 그래서 아빠가 무슨 일을 하는지 물어볼 필요가 없었던 것 같아요. 눈에 보이는 일을 하셨으니까요. 식당이나 가게 등 자영업을 하는 부모님의 자녀들은 더 잘 알았을 겁니다. 방과후나 주말이면 부모님의 일터에 나가 일손을 보태는 게 당연했잖아요.

산업화와 급성장의 시기, 그때는 일한 만큼 벌었지요. 지금처럼 주5일제 근무도 아니었고, 주 52시간 근무 제한이 있었던 것도 아니고요. 아빠는 늘 회사에 가 있는 사람이었습니다. 엄마도 가정에서 할 수 있는 부업거리를 찾아서 살림살이에 보태던 시절이었고요. 초등학교 1학년 때인가, 엄마가 식탁 앞에 앉아서 하루 종일 가위질하던 모습이 기억납니다. 고무판을 모양에 맞게 자르는 부업이었어요. 저도 그 옆에서 고사리손을 보태며 엄마와 함께 꼼지락거렸지요.

그때는 아껴 쓰는 것이 당연했습니다. 스케치북 한 장, 연필 한 자루가 얼마나 소중했는지 모릅니다. 돈을 버는 게 어떤 건지 직접 보고 느꼈으니까요.

그런데 요즘은 어떤가요? 이제는 거의 모든 일이 기계화되었습니다. 컴퓨터 앞에서 일하는 사무직의 비중이 높아졌고요. 지금 같은 고부가가치 산업의 시대에 노동의 형태는 예전과 다를 수밖에 없습니다. 대부분의 직장인은 눈에 보이지 않는 일을 합니다. 아이들이 직접 경험하기 어려운 형태이지요.

버는 건 눈에 안 보이는데, 소비할 것들은 눈에 너무나 잘 보입니다. 물건이 넘쳐납니다. 학교에서는 학용품이 무상 지원됩니다. 아이들이 스케치북이나 공책을 아껴 써야 할 이유가 없지요. 초등학교 선생님인 제 동생 말로는 교실에 주인 잃은 연필이나 지우개가 굴러다녀도 주인이 찾지 않는다고 해요. 이런 모습을 보며 어른들은 "요즘 애들은 돈 소중한 줄 모른다"라며 혀를 끌끌 찹니다.

하지만 이건 아이들의 잘못이 아닙니다. 아이들은 돈을 벌어 본 적도, 엄마 아빠가 돈 버는 모습을 본 적도 없는걸요. 아이들에게 돈은 그냥 어디서 생기는 것일 뿐, 노동의 가치에 대해서 생각해 볼 기회가 없었으니까요.

부모가 일하는 모습을 보여주자 ✦˚

가능하면 부모님들의 일하는 모습을 아이들이 볼 기회를 마련하면 좋겠습니다. 사무직이라면 회사에 한번 데려가 보는 겁니다. 회사에 따라서 주말에는 가족들의 출입이 가능한 경우도 있고, 혹은 가족들이 회사에 방문할 수 있는 프로그램을 운영하는 경우도 있으니 적극적으로 활용해 보세요.

이때 놀러가듯 설렁설렁 다녀오는 것보다는 실제로 회사에서 엄마 아빠가 어떻게 일하는지 구체적으로 알려주는 게 좋습니다. 집에 돌아온 뒤에는 회삿일의 일부를 아이들에게 위임해 봐도 좋아요. 엑셀이나 단순 문서정리 정도는 초등 고학년 정도면 충분히 할 수 있는 일이랍니다.

자영업에 종사하신다면 더 잘되었습니다. 아이들을 직접 일에 동참시킬 수 있으니까요. 부모님의 일터에서 직접 간단한 일을 돕게 해보세요. 청소도 해보고, 손님도 상대해 보는 거지요. 돈을 번다는 게 어떤 의미인지 생생하게 느끼는 소중한 경험이 될 겁니다.

노동의 가치를
알려주는
'홈 아르바이트'

　여러분은 지금 자녀에게 용돈을 주고 계세요? 언제부터 주셨어요? 혹은 언제부터 주실 생각이세요? 보통 자녀의 친구들과 비슷한 시기에 용돈을 주기 시작합니다. 친구들이 용돈을 받기 시작하면 아이들은 "나도 용돈 달라"고 요구하거든요.

　엄마 아빠로부터 받지 않더라도 아이들은 할머니 할아버지나 주변 어른들로부터 종종 용돈을 받습니다. 요즘은 식스포켓(six pocket)을 넘어 텐 포켓(ten pocket) 시대라더라고요. 식스포켓은 부모, 조부모, 외조부모가 가진 여섯 개의 주머니를 말합니다. 여기에 이모나 삼촌 등 친인척, 그리고 부모의 지인들까지 더해서 열개의 주머니가 아이를 위해 아낌없이 열리는 게 요즘 트렌드라고 하네요. 명절 세뱃돈이나 생일·크리스마스 선물 명목으로 제법 큰돈을 받기도 합니다. 이렇게 받는 용돈, 아이들은 소중하게 생각할까요? 돈이 이렇게 쉽게 생긴다면 아이들은 과연 무엇을 배울 수 있을까요?

소득은 네 가지 종류가 있다고 합니다. 직업이나 아르바이트를 통해 버는 근로소득, 가게나 회사를 운영하여 버는 사업소득, 주식이나 부동산 등 돈으로 돈을 버는 자본소득(재산소득), 기초연금이나 사회보조금과 같은 이전소득이지요.

용돈은 이 중 어디에 해당할까요? 사업소득이나 자본소득은 아니겠지요. 그렇다면 남은 두 가지는 근로소득과 이전소득이네요. 아이가 일을 해서 용돈을 번다면 근로소득이고, 아무런 조건 없이 그냥 용돈을 받는다면 이전소득의 개념이 될 겁니다.

노동의 가치를 느끼는 가장 좋은 방법은 직접 돈을 벌어보는 겁니다. 우리 어른들도 취업해서 돈을 벌기 시작하고 난 뒤에야 '남의 돈 가져오는 게 진짜 힘든 일이구나'라는 걸 느끼잖아요. 그래

▌소득의 4가지 종류

근로소득	사업소득	자본소득	이전소득
직업 아르바이트	사장님 회사 운영	돈이 돈을 번다 주식, 부동산	연금 사회보험

서 저는 아이들의 용돈도 근로소득으로 정의해야 한다고 생각합니다. 용돈은 아무 대가 없이 그냥 받는 것이 아니라 '일해야 생기는 소득'으로 설정하자는 거지요.

다만 아직은 외부 아르바이트를 할 나이가 아니기 때문에 집에서 할 수 있는 '홈 아르바이트'를 통해 용돈을 직접 벌게 해 보는 겁니다. 노동력과 시간을 돈으로 바꾸는 경험. 이걸 통해 아이들은 돈을 벌기 위해서는 노력이라는 대가가 필요하며, 그 과정에서 노동의 가치를 자연스럽게 알게 될 겁니다. 그리고 이렇게 번 돈은 당연히 소중하게 여기지 않을까요?

일이 아니라 놀이처럼 즐겁게 ✦⋆

아이들에게 집안일을 시킬 때는 집안일을 '일'이 아니라 '놀이'로 여기게 해주세요. 일을 할 때 신나는 음악을 틀어주는 등 즐거운 분위기를 만들어 주는 겁니다. 남자아이들이라면 게임하는 것처럼 챌린지 방식을 도입해도 좋습니다.

처음부터 '집안일은 고된 노동'이라고 느끼게 되면 아이들은 노동의 소중함을 이해하기 전에 거부감부터 갖게 될지도 모릅니다. 집안일은 노동의 소중함을 느끼기 위한 목적도 있지만, 우리 아이들이 스스로 가족의 행복에 기여하고 있다는 보람을 느끼는 것도 중요합니다. 이 과정에서 미래의 생활력을 길러 나가게 되는 건 덤이고요.

형제가 있다면,
게임처럼 집안일에 접근해도 좋아요

어떤 일을 시키고,
얼마를 줘야 할까

앞에서 용돈을 근로소득으로 정의하기로 했잖아요. 그렇다면 아이들이 어떤 일을 했을 때 용돈을 얼마나 벌 수 있는지, 구체적인 일의 목록이 필요합니다. 우리는 앞으로 그걸 '홈 아르바이트'라고 부를 거예요.

홈 아르바이트는 말 그대로 집에서 할 수 있는 아르바이트입니다. 쉽게 말하면 집안일이지요. 지금 딱 떠오르는 집안일, 뭐가 있나요? 이불 개기, 설거지, 청소, 빨래, 신발 정리, 화분에 물 주기, 요리, 쓰레기 분리수거 등 떠오르는 집안일을 다음에 나오는 빈칸에 쭉 적어볼까요? 우리 엄마들은 정말 수많은 집안일을 하고 있잖아요. 그것들을 하나하나 적어보면 됩니다.

아이가 할 수 있는 집안일은 무엇이 있을까?

모두 적으셨나요? 그렇다면 이번에는 우리 아이 수준에서 할 수 있는 일들을 골라 동그라미를 쳐 보세요. 그 일들이 앞으로 우리 아이의 홈 아르바이트 목록이 될 거예요.

일상 유지를 위한 집안일뿐만 아니라 엄마 아빠가 가정을 꾸려 가기 위해서 해야 하는 모든 일이 홈 아르바이트가 될 수 있습니다. 예를 들면 관리비·가스비의 납부 시기 및 금액을 책임지고 체크하는 일이나, 주기적으로 장을 볼 때 생필품 목록과 금액을 챙기는 일도 가능하겠지요?

홈 아르바이트에 넣으면 안 되는 것들 ✦⁺

자, 그런데 한 가지 짚고 넘어가야 할 점이 있어요. 아이가 '당연히 해야 할 일'은 홈 아르바이트 목록에 넣으면 안 된다는 것! 당연히 해야 할 일인데 알바비를 줄 수는 없으니까요. 자, 그럼 여기서 퀴즈! '자기 방 정리하기'는 홈 아르바이트에 해당할까요? '아침에 일어난 뒤 이불 개기'는요? 학부모님들께 여쭤보면 답변이 반반으로 갈립니다. 이건 가정마다 상황이 다르기 때문이에요.

지금 제 바로 앞에 앉아 있는 저희 둘째에게 물어보니, 자기 방 정리하기는 홈 아르바이트가 아니래요. 방 주인은 자기니까 자기가 당연히 해야 할 일이라고요. (음… 그런데 너는 왜 안 하는 건데?) 하지만 만약 다른 가족의 방을 대신 정리해 줬다면? 그건 타인의 수고를 덜어준 일이니 홈 아르바이트에 해당되겠죠.

마찬가지로 설거지나 분리수거도 어떤 집에서는 가족 구성원으로서 당연히 해야 할 일이라고 생각하지만, 다른 집에서는 엄마가 도맡아 하는 것이 맞다고 생각할지도 모릅니다. 이런 경우에 아이가 설거지를 대신 한다면 엄마의 일손을 덜게 되는 거니 홈 아르바이트라고 봐도 무방하겠지요.

이렇게 가정마다 상황이 다르기 때문에 홈 아르바이트에 대한 정답은 없어요. 다만 다음과 같은 기준으로 정해 주시면 좋겠습니다. 홈 아르바이트는 자기 자신을 위해 당연히 해야 할 일이 아닌, 가족 공동의 이익을 위해 하는 일이라고요.

어떤 일이 당연한가 아닌가는 가족들 간에도 생각이 다를 수 있으므로 온 식구가 둘러앉아 충분히 이야기해 보는 게 좋습니다. 어느 한쪽의 일방적인 생각에 따라 정하면 나중에 의견이 충돌할 수 있으니까요. 이렇게 홈 아르바이트의 목록을 가족 간 합의로 정하는 것부터가 용돈 교육의 시작입니다.

처음부터 완벽할 수는 없겠지만 ✦★

"엄마~ 설거지 다 했어요! 용돈 주세요!"

저녁 설거지를 맡은 둘째가 다 했다며 고무장갑을 벗고 달려옵니다. 기특한 마음에 확인하러 갔지요. 근데 이게 웬걸요? 사방이 물바다가 되어 있고, 정작 가스레인지 위의 냄비들은 손도 대지 않았더라고요. 수세미는 싱크볼에 방치되어 있고요. 허허… 이게 정말 다 한 거 맞니? 차라리 엄마가 할 걸 그랬다, 얘. 한숨이 절로 나오네요.

이렇게 엉망으로 해 놓았는데 용돈을 줘야 하나 고민이 됩니다. 사람마다 집안일에 대한 눈높이가 다르다 보니, 아이들은 다 했다고 하는데 정작 엄마의 뒷마무리가 필요한 경우가 종종, 아니 자주 생깁니다. "차라리 내가 하고 말지"라는 말이 절로 나오지요.

하지만 생각해 보니 이건 아이들 잘못이 아니더라고요. 아이들은 아직 집안일이 익숙하지 않으니 당연한걸요. 게다가 우리는 "설거지 해"라고만 했지 '어떻게' 하는 건지는 알려주지 않았잖아요. 그래서 아이들에게 집안일을 시킬 때는 일의 '완성 기준'을 잡아주는 게 필요합니다.

예를 들어 설거지라면 "그릇을 씻어서 건조대에 물이 빠지도록 대각선으로 잘 세워 얹고, 수세미를 깨끗이 빨아서 제자리에 걸고, 행주로 주변 물기를 정리한 뒤, 그 행주까지 빨아서 널어야 끝나는 것이다"라는 식입니다. 걸레질이라면 "걸레질해야 할 곳의 잡동사니를 먼저 정돈하고, 걸레로 지저분한 것들을 닦아낸 뒤, 걸레를 빨아서 빨랫줄에 너는 것"까지 해야 완료하는 것이겠지요. (사실 이건 남편에게 일을 부탁할 때도 마찬가지더라고요. 애나 어른이나…)

아이들이 처음부터 완벽하게 해내기는 어려울 겁니다. 처음에는 설거지 과정의 일부만 해도 좋아요. 거품을 묻혀 닦는 것까지만 해보는 거지요. 그다음엔 깨끗하게 헹구는 것까지, 그리고 그다음엔 건조대에 올리고 정리하는 것까지…. 이렇게 차근차근 일의 완성도를 높여주면 됩니다. 엄마와 이렇게 눈높이를 맞춰가는 과정에서 아이들의 실력은 조금씩 더 좋아질 거예요.

처음에는 일을 얼마나 잘 했느냐보다는 스스로 끝까지 해냈다는 뿌듯함을 느끼는 게 중요합니다. 아이가 일에 도전하고 잘 해내려 노력했다면 진심을 다해서 감탄해 주세요. 엄지척 쌍따봉도 아낌없이 날려주시고요. 아이들은 일을 반복하는 과정에서 성취감은 물론 문제해결력까지 자연스럽게 기르게 될 거예요.

그리고 드디어 그날이 오면 엄마들은 집안일에서 해방되어 우아하게 커피 한 잔 마시면서 여유를 즐길 날이 올지도 모릅니다. 더 나아가 결국 아이들이 독립할 나이가 되면, 걱정 없이 쿨하게 집에서 내보낼 수 있지 않을까요?

일상 유지를 위한 집안일뿐만 아니라
엄마 아빠가 가정을 꾸려가기 위해서 해야 하는 모든 일이
아이에게는 좋은 홈 아르바이트가 될 수 있어요

이불 정리

걸레질

빨래
개기

설

식재료
다듬기

요리 돕기

연령대별로 가능한
홈 아르바이트 종류

막상 홈 아르바이트 목록을 정하려면 막막하실 거예요. 그래서 아이의 연령에 따라 적합한 집안일의 예를 정리해 보았습니다. 인지능력이나 대근육·소근육 발달상황에 맞는 집안일을 생각해 보는 겁니다. 가장 쉽게는 아이가 현재 다니는 기관(어린이집, 유치원, 학교 등)에서 하는 활동에서 힌트를 얻으시면 돼요. 기관에서는 아이들의 발달상황에 맞는 놀이와 활동들을 체계적으로 교육과정에 배치하니까요. 우리 아이의 수준에 맞는 것을 골라보세요.

5세 이하 유아 ✦

아이들이 어릴 때 구독했던 학습지에서 자주 들었던 "모두 제자리~ 모두 모두 제자리~ ♪"라는 노래가 아직도 기억납니다. 놀고 난 뒤에 장난감을 원래 있었던 곳으로 되돌려 놓는 내용의 노래예요. 이런 정리정돈은 집에서뿐만 아니라 어린이집에서도 중요한 활동입니다. 단순히 주변 정리의 중요성만 배우는 게 아니라 사회생활에서는 이래야 한다는 질서를 배우거든요. 아직 어린아이들이지만 선생님이 지시한 내용을 그대로 수행하는 연습이 되기도 하지요.

이걸 집안일에 접목해 볼까요? 아이들은 집에서도 물건들을 제자리에 돌려 놓을 수 있습니다. 장난감·책·신발을 정리하거나, 외출하고 돌아오면 옷을 벗어 빨래 바구니에 넣거나, 자고 일어난 뒤 이불을 정리하는 것도 제자리로 되돌리는 일이지요. 빨래가 다 되면 어린이집에서 색종이를 접는 것처럼 네모반듯한 수건을 차곡차곡 갤 수도 있습니다.

▌ 5세 이하 아이를 위한 활동 예시

구분	어린이집	집
제자리에 되돌리기	– 장난감·교구 정리하기 – 낮잠 자고 일어나면 이불 정리하기	– 장난감·책·신발 정리하기 – 빨래감 빨래바구니에 넣기 – 일어난 뒤 이불 정리하기
엄마의 보조 역할	– 자기 먹은 것 자기가 정리하기 – 색종이 접기 – 신문지 찢기 놀이	– 식사 전 식구들 수저 놓기 – 쉬운 빨래 개기 – 요리재료 다듬기, 끼우기, 찢기
간단한 돌보기	– 인형놀이 – 생태체험	– 반려동물 먹이 주기 – 화분에 물 주기

요리에 동참시킬 수도 있어요. 어린이집에서는 신문지 찢기 같은 활동으로 소근육과 대근육을 발달시키고 아이들의 감각을 자극하기도 합니다. 그렇다면 신문지 찢기의 달인인 우리 아이들은 샐러드를 만들기 위해 양상추를 찢는다던가 수제비 반죽을 떼어내는 것 정도는 할 수 있겠지요? 주로 엄마 옆에서 도우미 역할을 한다고 보면 됩니다.

생명을 돌보는 일을 시작하는 것도 좋습니다. 반려동물에게 먹이를 준다거나 화분에 물을 주는 것처럼 간단히 끝나는 일이라면 어린아이들도 충분히 할 수 있습니다. 이렇게 누군가를 돌보는 일을 배우는 거지요. 아이들은 이렇게 작은 일들을 하나하나 해나가며 자아존재감과 성취감을 쌓아갑니다.

5~7세 미취학 아동 ✦✭

어린이집 시기를 지나 유치원에 들어가면 아이들이 독립적으로 할 수 있는 일도 늘어납니다. 스스로 할 수 있는 것들이 생기면서 본격적으로 '사람다워지는' 시기이기도 합니다. 엄마의 단순 보조 역할이 아니라, 간단한 일은 혼자서 끝까지 수행해 낼 수도 있지요.

유치원에서 쿠키, 만두, 떡을 만들어왔다면 집에서도 만들기에 해당하는 간단한 요리를 할 수 있습니다. 손으로 조물조물 반죽하는 것이라던가 어묵을 꼬치에 끼우는 것도 재미있는 집안일이 되겠지요. 색깔별·재질별로 분류하는 것도 배우기 때문에 집에서는 쓰레기 분리수거도 할 수 있게 됩니다.

원상복구하는 것을 넘어 깨끗한 상태를 유지하는 법도 배웁니다. 부직포 밀대로 바닥 먼지를 제거하거나, 거울이나 가구를 걸레로 닦을 수도 있어요. 밥을 먹고 난 뒤엔 식기를 개수대에 가져다 놓고, 본인 자리 주변에 흘린 음식물을 닦아낼 수도 있습니다.

또한 이 시기에는 본격적으로 타인과 관계를 맺기 시작합니다. 친구를 위로하고 토닥토닥 해주는 것처럼 타인의 마음을 읽으며 보살피는 게 가능한 시기입니다. 집에서는 동생에게 간식을 먹이거나 놀아줄 수 있지요. 단순하게 끝나는 돌보기가 아니라 서로

▌5~7세 아이를 위한 활동 예시

구 분	유치원	집
독립적인 간단한 집안일	– 쿠키·만두·떡 만들기 – 분류하기	– 간단한 요리 만들기 (쿠키·만두·어묵꼬치 등) – 쓰레기 분리수거
유지 및 정돈	– 교실 정리하기	– 밀대로 바닥 닦기 – 가구 먼지 닦기 – 식사 후 주변 정리하기
교감이 필요한 돌보기	– 친구들과 교감하며 놀기	– 동생 간식 먹이기 – 동생과 놀아주기

교감이 필요한 돌보기가 가능해집니다. 동생을 돌볼 때는 동생의 속도에 맞추는 게 중요하다는 것도 알려주세요.

초등 저학년 ✦⋆

초등학교 학기 초 준비물에 '미니 빗자루와 쓰레받기'가 있다는 거 아시나요? 학교에 들어가서 배우는 것 중 하나가 '자기 주변 돌보기'이기 때문입니다. 본인 책상 위 지우개 가루와 주변의 먼지를 쓸며 정돈하는 연습을 한다고 해요.

그렇다면 집에서도 아이들이 현관 정도는 깨끗하게 유지할 수 있지 않을까요? 현관에도 미니 빗자루와 쓰레받기를 놓아보세요. 아이들이 놀이터에서 놀다가 집까지 끌고 온 모래 먼지를 스스로

▌초등 저학년 아이를 위한 활동 예시

구분	학교	집
독립적인 집안일	– 미니 빗자루로 주변 청소하기	– 신발 정리하고 현관 쓸기 – 베란다 물청소 – 빨래 개기
위험하지 않은 집안일	– 학급 물품 정리하기	– 불을 쓰지 않는 간단한 요리 – 세탁기에 빨래 돌리기
인내가 필요한 돌보기	– 몸이 불편한 친구 돕기	– 반려동물 산책시키기 – 동생에게 책 읽어주기

쓸어낼 수 있을 거예요. 아예 현관을 아이의 담당 구역으로 지정해주는 것도 좋습니다. 학교에서 아이들에게 특정 임무를 맡기듯이 집에서도 적용해 보는 거죠. '이 일은 내가 할 일'이라는 책임감이 생기면 열심히 관리하게 될 거예요. 어쩌면 신발을 마구잡이로 벗어놓는 엄마 아빠를 아이가 혼낼지도 모르겠네요.

초등 저학년 아이라면 꼬마김밥을 만든다던가 샐러드 소스를 섞는 등 불을 쓰지 않는 요리에 적극 동참하게 해주세요. 빨랫감을 구분하는 법과 세탁기 사용법을 알려주면 아이 스스로 빨래도 돌릴 수 있게 됩니다. 세탁기의 경우 장난치다가 간혹 위험한 사고 소식이 들리기도 하는데, 이렇게 집안일을 통해 안전하게 사용하는 방법을 제대로 가르쳐주면 오히려 걱정을 덜 수 있습니다.

돌보기 영역도 좀 더 난이도를 올릴 수 있습니다. 반려동물을 산책시킨다던가 동생에게 책을 읽어주는 등 인내가 필요한 돌보기도 해낼 수 있지요. 우리 아이가 동생에게 책을 읽어주는 모습, 상상만 해도 흐뭇하지 않나요?

초등 고학년 이상 ✦˚

초등 고학년이 되면 거의 어른입니다. 성장이 빠른 아이들은 엄마보다 키가 커지기도 해요. 그래서 이제는 불을 쓰는 요리도 조금씩 시도할 수 있습니다. 스스로 레시피를 찾아서 새로운 요리를 만들 수도 있고, 전구 갈기나 가구 조립 등 간단한 보수가 필요한 일은 설명서를 보면서 해낼 수도 있어요. 다만 불을 쓰거나 공구를 다룰 때는 안전한 사용법을 사전에 꼭 알려주세요. 익숙해질 때까지 부모님이 곁에서 지켜봐 주면 아이들도 안심이 되겠지요?

정해진 시간에 정해진 분량만큼 동생 공부 가르치기 같은 비교적 전문적인 돌보기도 가능해집니다. 이제는 부모들이 안심하고 외출해도 될 정도로 제법 믿음직스럽습니다.

아이들은 컴퓨터와 스마트폰 사용에 익숙하기 때문에 가족사진을 정리해서 앨범을 만든다거나, 관리비·전기요금 내역을 엑셀에

❚ 초등 고학년 아이를 위한 활동 예시

구 분	학 교	집
어른의 일 돕기	– 교실 청소 – 과학교구 만들기	– 매주 일요일 새로운 메뉴 요리 – 전구 갈기, 가구 조립, 문고리 등 고치기 – 화장실 청소
전문적인 돌보기	– 1인 1역할	– 정해진 시간에 동생 공부 가르치기
컴퓨터·스마트폰 활용	– 학급 신문 만들기 – 발표자료 만들기	– 가족 사진 정리 및 앨범 만들기 – 관리비·전기요금 엑셀에 입력 – 명함 정리하기 – 집안 배경음악 선곡해서 틀기 – 냉장고 점검해서 식재료 주문하기 – 오늘의 주요뉴스 골라 단톡방 공유하기

입력하여 표로 관리하는 등의 일도 곧잘 합니다. 이런 일들을 아이에게 맡겨보세요. 저희 집에서는 한 달에 한 번 배달 반찬 주문하는 일을 첫째와 둘째가 번갈아 가며 한답니다. 본인들이 먹고 싶은 메뉴를 직접 고르고 주문하면 나중에 밥도 잘 먹더라고요.

세상에 관심이 많은 아이라면 인터넷에서 오늘의 주요뉴스를 다섯 개 정도 골라서 가족단톡방에 공유하는 임무를 맡길 수도 있습니다. 날마다 뉴스를 선정하고 읽어나가면서 자연스럽게 세상 트렌드에 밝아지는 효과는 덤입니다.

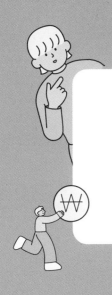

3장

우리집
용돈 규칙을 정해요

요즘 아이들 용돈은 얼마가 적당할까요? 너무 많이 주면 낭비하는 버릇이 생길 것 같고, 그렇다고 너무 적게 주면 친구들 사이에서 주눅들지 않을까요? 용돈은 나이에 맞춰서 주는 게 아니라 아이의 생활 패턴에 맞춰서 주어야 합니다. 우리 아이에게 적합한 용돈 규칙, 함께 고민해 봅시다.

용돈은 얼마가 적당할까요

어엿한 홈 아르바이트를 시작했으니 이제 그 노동에 맞는 가치를 보상해 볼까요?

제가 초등학교(당시엔 국민학교) 1학년 때는 용돈을 일주일에 1,000원씩 받았어요. 당시 막대 아이스크림 하나 가격이 50원 정도였으니 지금으로 따지면 1만 원이 훌쩍 넘는 금액입니다. 이제 막 초등학교에 들어간 아이에게 왜 그렇게 많은 용돈을 주셨는지는 잘 모르겠어요. 당시는 지금과는 달리 돈 쓸 데가 그렇게 많지도 않았는데 말이지요. 어쨌거나 당시엔 용돈기입장에 한 글자 한 글자 깨알같이 적으면서 10원 단위까지 맞춰 꼼꼼히 관리했답니다. 어쩌면 이렇게 관리를 잘 했으니 용돈을 많이 주셨는지도 모르겠네요.

시간이 흘러 고등학교 때에는 한 달에 1만5,000원 정도를 받았던 것 같아요. 그 돈으로 학용품은 물론 당시 유행했었던 「슬램덩

크」 만화책을 사기도 하고, 좋아하는 가수 H.O.T의 포토카드를 모으기도 했네요.

그땐 토요일에도 학교에 갔잖아요? 수업이 평일보다 일찍 끝나면 바로 집으로 가지 않고 친구들과 시내 피자집에 들렀습니다. 각자 조금씩 용돈을 갹출하여 피자 한 판과 샐러드를 사 먹고 집에 갔던 기억이 납니다. 무한제공 샐러드바에서 샐러드를 높이 쌓는 능력자 친구가 엄청나게 대단해 보였지요. 그때가 새삼 그립네요. 한 달 용돈 1만5,000원으로 이 모든 것들을 다 했다니, 지금으로선 상상이 되지 않습니다.

모든 부모들의 고민 '얼마를 줘야 할까' ✦*

요즘 아이들의 용돈은 얼마가 적당할까요? 예나 지금이나 엄마들의 공통적인 고민일 거예요. 제가 학생일 때도 친구들마다 용돈의 액수는 모두 달랐습니다. 저는 도시락을 두 개씩 싸서 다녔기 때문에 밥값으로 따로 나가는 돈이 없었어요. 하지만 도시락을 싸오지 않는 친구들은 학교식당에서 사 먹어야 했으니 당연히 용돈이 더 많았지요.

학교에는 매점도 있었는데, 쉬는 시간마다 간식을 사 먹으려는 줄이 길게 늘어서 있었어요. 간식을 그다지 좋아하지 않았던 저는 매점에서 돈을 쓴 적이 별로 없었지만, 쉬는 시간마다 매점에 들르는 친구들은 저보다 용돈을 많이 썼겠지요. 그럼 지금 아이들은 어떨까요?

"아이가 초등학교 ○학년인데, 용돈은 얼마가 적당한가요?"

학부모 교육에서 가장 많이 받는 질문 중 하나입니다. 하지만 앞에서 말씀드렸듯이 용돈의 액수는 학년이나 나이와는 무관합니다. 어떤 아이는 학교 끝나고 집에 들르지 않고 바로 학원으로 가기 때문에 저녁을 밖에서 사 먹어야 할 거예요. 반면 어떤 친구는 집이 가까워서 집에서 식사를 해결할 수 있을 거고요. 어떤 친구는 주말에 친구들과 밖에서 노는 걸 좋아할 수 있고, 또 다른 친구는 집에서 혼자 게임 하는 걸 좋아할 수 있지요.

이렇게 같은 나이라도 돈을 많이 써야 하는 친구가 있고 돈이 그다지 필요 없는 친구가 있습니다. 그렇다면 용돈의 액수는 아이들의 생활 패턴이나 소비성향에 따라서 달라지는 게 당연하겠지요?

아이의 생활 패턴을 고려하자 ✦˙

우리 아이의 하루 일과를 일주일별로 쭉 나열해 보세요. 그리고 그 중간중간 어디에서 얼마의 돈이 필요한지 체크해 보세요. 교통비, 간식비, 취미생활비…. 그리고 친구들과 놀기 위한 여윳돈은 어느 정도가 필요한지 이야기를 나눠보는 거지요. 그러면 기본적으로 필요한 용돈의 규모가 나올 거예요.

그리고 일상에서 필요한 의식주 중 어느 범위까지 용돈으로 해결할 것인지도 논의해 보세요. 예를 들면 옷을 구입하는 비용은 용돈을 모아 해결할 것인가 아니면 엄마가 계절마다 사 줄 것인가를 이야기해 보는 겁니다.

연예인 홍진경 님은 중학생 딸에게 한 달 용돈을 30만 원 준다고 해요.[6] 헉! 30만 원이나 준다니, 놀라셨나요? 하지만 대신 이 용돈으로 가족 외식을 할 때도 더치페이를 해야 한다고 해요. 한 번은 소고기 외식을 했다가 한 달 용돈의 대부분을 쓰고, 다시는 외식하지 않겠다고 다짐했다고도 하더라고요. 이제 좀 이해가 되시지요? 용돈의 금액은 철저히 우리 아이의 생활 패턴과 가정의 교육 방침에 따라 정해져야 한다는 것.

다만 우리 아이와 가장 친한 친구들의 용돈이 어느 정도인지 알아둘 필요는 있습니다. 요즘은 돈이 흔한 세상인지라 돈 때문에 친구 사이에 문제가 생길 수도 있거든요. 친구와 똑같은 금액을

---

6) 「한동안 딸 라엘이가 출연을 못한 이유(연애, 용돈)」 / 유튜브 채널 '공부왕찐천재'

줄 필요는 없지만, 참고할 필요는 있겠더라고요. 하지만 이때도 마찬가지로 '그 친구는 그 용돈으로 무엇을 하는가'도 함께 파악하기로 해요.

용돈을 주는
2가지 방법

아이들에게 용돈을 주는 방식을 구분해보면 아마 크게 두 가지일 거예요. 하나는 일한 만큼 지급하는 '실적제' 방식, 다른 하나는 약속된 날 정해진 금액을 주는 '정액제' 방식입니다. 어른들에 빗대자면 전자는 프리랜서들이 임금을 받는 방식, 후자는 회사원이 월급을 받는 방식과 비슷합니다. 둘의 장단점이 워낙 다르기 때문에 뭐가 옳다고 말할 수는 없어요. 아이의 성향과 돈에 대한 개념이 어느 정도인가를 보고 적합한 방식을 선택하면 됩니다.

일한 만큼 주는 '실적제 방식'

일을 한 만큼 용돈을 준다? 그렇다면 어떤 일을 했을 때 얼마의 용돈을 주는지 정확한 기준이 있어야겠지요. 그래서 이 기준이 적혀 있는 '용돈메뉴판'이 필요합니다. 음식점이나 카페에서 흔히 볼 수 있는 바로 그 메뉴판을 떠올려 보시면 쉬워요.

먼저, 아이들과 함께 의논하여 홈 아르바이트 메뉴를 쭉 적어봅니다. 앞에서 아이들이 할 수 있는 홈 아르바이트 목록을 생각해 보았으니 이 부분은 별로 어렵지 않을 거예요. 그다음은 각 메뉴별로 용돈 액수를 정해볼 차례입니다.

"설거지를 한 번 하는 데는 얼마가 적정할까? 손 설거지가 아니라 식기세척기를 돌리는 건? 설거지 양이 많은 날과 적은 날은 어떻게 차등을 두면 될까?"

"분리수거는 얼마가 적당하다고 생각해?"

"엄마가 급하게 부탁하는 심부름은?"

이렇게 아이들과 이야기를 나누며 용돈메뉴판을 완성해 보세요. 엄마가 미처 생각하지 못한 신기한 메뉴들을 아이들이 제안할지도 모릅니다. 아직 노동의 가치에 대해 이해가 부족한 아이들은 터무니없는 금액을 제시할 수도 있고요. 실제로 아이들과 이야기를 나눠보면 설거지 한 번에 1만 원을 부르는 경우도 있더라고요. 어머, 그러다가 엄마 거덜 나겠다, 얘. 하지만 엄마랑 이야기 나누는 과정에서 곧 적정한 금액을 찾아가게 됩니다.

일을 하는 데 걸리는 시간이나 숙련도 등에 따라서 차등을 둬도 좋습니다. 엄마와 함께 '임금협상'을 하는 과정이랍니다. 이 연습이 잘 된 아이들은 나중에 어른이 되어서도 당당하게 내 몸값을 이야기할 수 있지 않을까요? 이제 와서 하는 말입니다만, 20년 가까이 회사 다니면서 연봉은 늘 통보만 받았지, 협상에 도전해 본 적이 한 번도 없었어요. 정말 억울하더라고요. 왜 저는 저의 몸값을 당당히 요구하지 못했을까요. 적어도 이렇게 연습한 우리 아이들은 조금 다르게 자라겠지요?

홈 아르바이트 메뉴를 적을 때는 '가족 구성원이니까 당연히 해야 할 일'과 '당연히 해야 할 일은 아니지만 누군가 해주면 좋은 일'을 구분해 보세요. 그리고 '당연히 해야 할 일'에는 크지 않은 금액을 책정하는 게 좋아요. 나중에 이 시스템이 익숙해지면 당연히 해야 할 집안일들은 기본 용돈에 포함해야 하니까요.

그리고 난이도가 높거나 시간이 오래 걸리는 일에는 조금 큰 금액을 책정해 보는 겁니다. 이 과정에서 아이들은 노동의 가치를 돈으로 측정하는 연습을 자연스럽게 하게 될 거예요. 이게 바로 앞에서 말씀드렸던 '돈의 가치측정 기능'이랍니다.

이때 주의할 점! 아이들이 매일 하는 공부에 대한 보상으로 용돈을 주는 부모님도 계시지요? 하지만 매일 해야 할 숙제나 책 읽기 등은 아이들이 학생으로서 당연히 해야 할 일이잖아요. 이런 일에 돈으로 보상을 하는 것은 바람직하지 않습니다. 돈이라는 외

적동기로 공부를 한다면 그런 동기가 없어졌을 때 학습 의지가 줄어들 수 있거든요.

학습에 대한 보상을 해주고 싶다면 공부 자체가 아니라 아이의 끈기, 인내심, 성실함에 대해 보상해 주세요. 문제집 한 권을 처음부터 끝까지 꼼꼼히 풀었다거나, 책 전집을 끈기 있게 전부 읽어내는 것, 한 달간 용돈기입장을 성실하게 작성하는 것 등이 될 수 있겠지요. 이때는 기존 용돈과 별개로 '보너스'라는 항목으로 분류해서 보상하면 됩니다. 어른들이 회사에서 어려운 프로젝트를 마쳤거나 목표 이상의 성과를 냈을 때 보너스를 받는 것을 떠올려 보면 이해되실 거예요.

다시 한 번 강조합니다. 학습에 대한 보상은 하루하루가 아닌 '일정 기간'을 두고 인내심, 끈기, 성

■ 용돈메뉴판 예시

깨비드림
용돈 메뉴판
Pocket money menu

기본 용돈

메뉴	용돈	메뉴	용돈
설거지	500	청소기 돌리기	500
멍멍이 산책	500	…	
화분에 물주기	300		
빨래 개기	300		
분리수거	500		
식사 차림 돕기	200	동생 가르치기	1000
심부름	500	형아에게 배우기	1000

보너스 용돈

메뉴	용돈	벌금 메뉴	용돈
문제집 클리어	5000	치카치카 안하면	1000
용돈기입장1개월	5000	쓰레기 버리기	1000
학원 조기진급	10000		

※ 엄마표 경제교육 원니깨비

실함에 대해 보상해
주기! 잊지 마세요.

이렇게 실적제로 용
돈을 받는 경우 그때
그때 매번 지급하는
것은 아이도 부모도
번거로울 수 있습니
다. 그래서 '용돈 스
티커 적립판'을 활용
하면 편리합니다. 아
이들이 어릴 적에 자
주 활용했던 포도알
스티커와 비슷한 개

▮ 용돈 스티커 적립판 예시

념이랍니다. 포도알 스티커는 50개 모으기가 목표였다면 용돈 스티
커 적립판은 일주일 단위로 실적을 적립한다는 차이가 있지요.

용돈 메뉴판에 적힌 일을 하고 난 뒤 스스로 스티커를 붙이게 해
주세요. 그리고 일요일마다 한 번씩 일주일 치 스티커 개수를 세어
용돈으로 바꾸어 주면 됩니다. 실적이 눈에 보이니 아이들에게 더
욱 동기부여를 하는 효과가 있더라고요.

정해진 금액을 주는 '정액제 방식' ✦✫

"엄마, 이 일 하면 용돈 얼마 줄 건데?"

용돈메뉴판에 적힌 대로 순조롭게 흘러가던 어느 날, 메뉴판에 없는 집안일을 주문했더니 아이가 대뜸 이렇게 묻더군요. 와, 당황스러워라… 집안일은 당연히 해야 하는 일인데, 용돈 주는 걸 감사하게 생각하지는 못할망정 돈을 밝히다니! 괘씸하다는 생각이 듭니다.

이렇게 용돈메뉴판에 따라 용돈을 주다 보면 아이들이 어느 순간 머리를 굴리기 시작하는 때가 옵니다. 아이들과 이 문제로 갈등이 생기기도 하고요. 내가 이러자고 용돈 교육을 시작했나 싶어서 소위 '현타'가 오기도 해요. 하지만 조금 다르게 생각해 보면 아이가 그만큼 성장했다는 증거이기도 하더라고요. 그동안은 아무 생각 없이 주는 대로 받았다면, 이제는 스스로 노동력과 시간의 가치에 대해서 생각하기 시작한 거니까요.

이 순간이 왔다면 드디어 용돈 주는 방식을 바꿀 때입니다. 이제는 일이 익숙해졌을 테니 아르바이트생에서 정규직 직원으로 채용할 때가 된 겁니다. 실적제에서 정액제로 바꾸는 거지요. 일주일에 용돈 얼마, 한 달에 얼마, 이런 방식입니다.

하지만 이 용돈 역시 공짜는 아닙니다. 회사원이 월급을 받기 위해 해야 할 의무가 있죠? 월급 받는 대가로 져야 하는 의무 말입니다. 아무리 피곤해도 아침 9시에는 출근해야 하고, 싫어하는 상사가 일을 시켜도 어쨌든 해야 하잖아요. 마찬가지로 정액제로 용돈을 받을 때도 가족 구성원으로서 당연히 해야 하는 일들이 있습니다. 일주일에 두 번 설거지, 자기 방 청소, 주말 1회 가족 식사 차리기 등 의무적으로 해야 할 집안일을 정해서 계약서 형태로 명시해 보세요. 세상에 공짜는 없다는 걸 가르치는 가장 효과적인 방법인 듯해요.

정액제로 용돈을 받기 시작하면 자신의 용돈 안에서 써야 할 것과 엄마가 별도로 지원해 줄 것을 명확히 구분해 놓는 것도 중요합니다. 회사원들이 법인카드와 개인카드를 구분해서 써야 하는 것과 같은 개념입니다. 예를 들어 학원 가기 전에 저녁밥

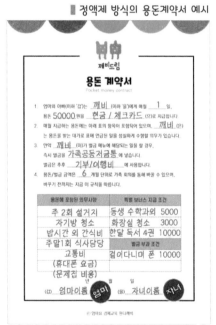

▌ 정액제 방식의 용돈계약서 예시

을 밖에서 먹어야 하는 아이라면, 밥값은 엄마가 별도로 지원하지만 그 외의 간식비는 아이 용돈에서 지출하기로 합니다.

버스를 타고 등하교하는 아이라면, 기본적으로 오가는 버스비는 엄마가 줍니다. 하지만 본인이 게으름을 피우다가 늦어서 급하게 택시를 타야 한다면? 그 택시비는 아이가 용돈에서 부담해야 하는 거지요. 휴대폰 요금도 엄마가 기본료는 내주되 데이터를 많이 써서 초과되는 금액이나 소액결제 금액은 아이 용돈에서 나가게 하는 겁니다.

특히 유흥비는 어떻게 할 건지를 명확하게 해 놓기를 권해드려요. 요즘 아이들은 친구들과 놀 때의 씀씀이가 어른과 다르지 않잖아요. 놀이공원에 가거나 영화를 보는 비용 등을 엄마가 그때그때 지원할 건지, 아니면 평소에 아이가 용돈을 모아서 사용하게 할지 계약서에 미리 적어두세요. 그래야 나중에 용돈으로 실랑이하는 일이 없어집니다.

당부드리고 싶은 점이 있어요. 아이들에게 정액제로 용돈을 주실 때 기본 용돈은 조금 부족하게 주시면 좋겠습니다. 그래야 아이들이 제한된 용돈을 어떻게 잘 쓸지 고민하게 되거든요. 용돈이 부족하지 않으면 아껴 써야겠다는 생각을 할 필요가 없으니까요.

우리 아이만 용돈이 부족하면 어떡하냐고요? 괜찮습니다. 우리에겐 용돈을 추가로 벌 수 있는 보너스 시스템이 있거든요. 기본 용돈에 포함된 의무사항 외에 동생에게 정해진 시간에 정기적으로 공부를 가르친다거나, 가족을 위해서 화장실 청소를 한다거나, 한 달간 어떤 목표를 잡고 꾸준히 그 일을 해냈을 때 보너스를 지급해 주세요. 마찬가지로 인내심, 성실함, 끈기를 기를 수 있는 항목이면 됩니다. 아이가 취지를 이해한다면 아마 보너스 받을 만한 아이디어를 스스로 가져올 거예요.

요즘 아이들은 결핍을 모른다고 하잖아요. 아이들은 부족함을 느낄 때 그 부족함을 해결할 아이디어를 스스로 찾아내더라고요. 우리, 조금 부족하게 아이들을 키워보는 건 어떨까요? 그 약간의 결핍이 아이들의 생각 주머니를 커지게 하는 원동력이 될지도 모릅니다.

스스로 금액을 정하는 '용돈사용계획표'

어른들은 월급을 받으면, 아니 받기 한참 전부터 이것저것 계획을 세웁니다.

"다음 달 월급 받으면 뭐 하지? 일단 얼마는 저축을 하고, 얼마는 주식에 넣고, 얼마는 헬스장 결제하고…. 남은 돈으로는 여행을 갈까? 아니면 사고 싶었던 물건을 살까?"

상상만 해도 행복합니다. 월급의 액수와 들어오는 날이 정해져 있으니 이런 계획이 가능하지요. 회사원처럼 정액제 방식으로 용돈을 받는 아이들도 마찬가지입니다. 용돈 금액과 받는 날이 확정되어 있으면 계획이라는 것을 세울 수 있게 돼요. 용돈은 총 얼마이고, 그 용돈을 어떻게 쪼개어 관리할 건지 스스로 생각해 보는 거지요. 다시 말해서 예산을 짜는 과정입니다.

기존 씀씀이를 파악하여 용도별로 나누기 ✦*

정액제로 용돈 방식을 바꾸던 날, 종이 한 장을 앞에 두고 둘째와 마주 앉았습니다. 그동안의 경험을 떠올리며 친구랑 놀거나 간식을 사 먹는 등 한 달에 쓰는 금액은 대략 얼마인지 구체적으로 계산해 봤지요. 평소에 대충이라도 써왔던 용돈기입장이 이럴 때 도움이 되네요.

> 둘째 : 2~3일에 한 번 정도는 음료수를 사 먹고, 매주 수요일에는 내 삶의 낙인 뻥튀기를 사야 하고…. 일주일에 간식비로 쓰는 돈은 5,000원 정도인 것 같아.
>
> 엄마 : 그래? 엄마가 보기엔 이것보다 더 많이 쓰는 것 같은데, 이상하다?
>
> 둘째 : 사실 그렇긴 한데, 앞으로는 줄일 거야. 조만간 아파트 야시장이 열릴 거라서 돈을 모아야 하거든.
>
> 엄마 : 어쩐지….

소비대마왕인 둘째도 잘 알고 있네요. 다가오는 이벤트가 있다면 미리 준비해야 한다는 것을요. 아파트 야시장은 1년에 두 번쯤 열리는데 여기서 친구들과 놀려면 돈이 꽤 필요하더라고요. 지난번 야시장이 열렸을 땐 미리 모아둔 돈이 없어서 충분히 즐기지 못했는지 이번에는 별도의 비상금을 모으겠다고 합니다.

여기에 친구나 가족들에게 생일 선물을 사 주거나 자기가 좋아하는 물건들을 사려면 추가로 돈이 필요하겠지요? 이런 돈을 따로 준비해 두지 않으면 나중에 용돈이 부족해서 곤란해질지도 모릅니다.

4개의 카테고리로 예산 나누기 ✦˚

돈을 용도별로 나누는 게 익숙해지면 이제는 용돈을 쪼개어 미래를 위해 저축도 하고, 자신의 꿈을 위한 투자금도 모아보도록 합시다. 크게 '소비·저축·투자·기부' 등 네 개의 카테고리로 나누면 쉽습니다. 어른들이 월급을 받으면 적금도 붓고, 생활비·교육비·예비비 등으로 통장 쪼개기를 하는 것과 같은 원리입니다.

그동안 용돈은 그냥 자신을 위한 소비 용도로만 썼으니 계획이 필요 없었을 거예요. 하지만 이제부터는 소비를 넘어 저축, 투자, 기부까지 어떻게 배분할지 스스로 예산을 짜 보는 거예요. 아주 적은 금액이라도 좋습니다. 용돈이 들어오면 그냥 모두 다 써버리는 게 아니라, 미래를 위해서 적립할 수 있다는 것을 아는 게 중요하니까요.

용돈을 사용하는 마음가짐 적어보기 ✦˚

　마지막으로는 용돈을 어떤 마음가짐으로 쓸지도 한번 적어 봅니다. 구체적으로 나의 소비 계획을 점검해 보고 앞으로의 생활을 다짐해 보는 과정입니다. 정해진 양식은 없습니다. 아이마다 성향이 다를 테니까요. 예를 들어 일목요연한 틀을 좋아하는 아이라면 이렇게 쓸 수 있겠지요.

1. 친구랑 한 달에 한 번쯤 주말에 노는 데 2만 원 소비
2. 연말까지 아이패드 살 돈 8,000원씩 모으기
3. 겨울방학 여행비 저축 1만 원
4. 북극곰 멸종을 막기 위해 그린피스에 2,000원 기부
5. 남은 돈은 가끔 간식 사먹고, 부족한 부분은 추가로 집안일을 해서 더 벌 것

　미래를 상상해서 글로 적어보는 것은 실제 삶을 그 방향으로 이끌어주는 역할을 합니다. 아이들은 이 용돈사용계획표를 통해서 본인의 꿈을 이룬 모습을 상상하게 될 겁니다. 그러면 돈을 대하

는 태도가 달라집니다. 지금의 선택에 따라 미래가 달라질 수 있다는 걸 깨닫게 되거든요. 아마 한 푼 한 푼이 소중해질 걸요? 저희 아이들의 용돈사용계획표를 슬쩍 보니 이렇게 적어놓았네요.

✓ 첫째의 용돈사용계획

용돈을 받으면 절반은 저금을 할 것이며, 나머지는 소비하며 저의 취지에 맞게 사용하겠습니다.

✓ 둘째의 용돈사용계획

간식비로 1,500원만 쓰고 나머지는 저금통에 비상금으로 모을 것이다. 모아서 태권도 체험 활동 및 생일 선물, 게임머니 살 돈으로 쓸 것임

　여행 외에 특별한 욕구가 없는 첫째와 달리 하고 싶은 것도, 먹고 싶은 것도 많은 둘째가 훨씬 구체적으로 적었네요. 놀라운 건 간식비 외의 소비 목적 돈을 저금통에 모으겠다고 결심했다는 거예요. 지갑에 들고 다니다가는 소리 없이 사라질 수 있으니, 저금통에 비상금으로 모아두었다가 꼭 필요할 때 꺼내겠다는 거니까

요. 본인 스스로 주머니에 돈이 있으면 다 써버리는 스타일이라는 것을 알고 있군요!

■ 용돈사용계획표 예시

깨비드림

용돈 사용 계획표
Pucket money plan

1. 용돈 총 금액

| 1개월 50000 | (원) |

2. 용돈 배분 계획

구분	배분비율(금액)	용도
소비	30000원	간식, 친구랑, 굿즈
저축	10000원	적금통장에 넣기
투자	8000원	아이패드 사기
기부	2000원	그린피스에 기부

3. 용돈을 이렇게 쓰겠습니다!

친구랑 한달에 한번쯤 주말에 노는데 2만원쯤
필요합니다. 적금도 할 것이고, 아이패드
사는데 8000원씩 모으겠습니다. 열심히
모을테니 절반정도는 엄마가 보태주시면
좋겠습니다. 부족한 부분은 추가로 집안일을
하고 동생 수학과외를 해서 더 벌겠습니다!

ⓒ 엄마표 경제교육 뭔늬깨비

부모와 아이가
함께 쓰는
'용돈계약서'

용돈을 받는 규칙을 정했고 용돈사용계획도 잘 세웠나요? 이제 드디어 계약서를 써 봅시다.

어휴, 용돈을 주는데 삭막하게 부모 자식 간에 무슨 계약서까지 쓰냐고요? 저는 그래서 더욱더 써야 한다고 생각합니다. 부모 자식 간이기 때문에 약속이 희미해지기 쉽거든요. 용돈도 '약속'이잖아요. 특히 돈에 대한 인식을 제대로 심어주고 싶다면 어려서부터 약속을 잘 지키는 연습을 하는 게 도움이 되지 않을까요?

저희 집 아이들은 각각 초등학교 4학년과 1학년이던 5년 전부터 실적제 방식으로 용돈을 받기 시작했어요. 그렇게 시간이 흐르니 두 아이 모두 돈의 흐름을 관리하는 게 꽤나 능숙해졌더라고요. 그래서 이참에 정액제 방식으로 바꿔보기로 했답니다.

이전에는 두 아이가 같은 내용의 용돈메뉴판과 계약서를 사용

했지만 이제는 계약서를 따로 쓰기로 했어요. 아무래도 중학생과 초등학생은 씀씀이와 돈 관리 범위가 다르니까요.

용돈계약서에 들어갈 내용 ✦˙

'계약서'라는 이름을 붙였지만 그렇게 거창한 건 아닙니다. 서로의 약속을 문서로 남겼다고 생각하면 돼요. 아무래도 말로만 약속하면 잊어버리기 쉬우니 글로 써두는 것뿐이에요. 우리 어렸을 때도 친구들과 약속을 하고 쪽지에 적어서 엄지손가락으로 도장 찍고 그랬잖아요. 그런 의미입니다. 그러니 어렵게 생각하지 마시고, 양식에도 구애받지 마시고, 아주 편하게 시작해 보자고요. 용돈계약서에 들어가야 할 내용은 다음과 같습니다.

- 용돈을 주는 사람(갑)과 받는 사람(을)
- 갑/을 각자의 의무와 권리 및 용돈 관리 방법
- 용돈을 지급하는 주기와 날짜와 금액
- 벌금의 사용처
- 계약 기간
- **특약** (세뱃돈 등 특별 용돈의 사용 방법)

특약 내용에 신경 쓰자 ✦✧

　기본적인 내용 외에 '특약'도 잘 정리해 두면 좋습니다. 명절 세뱃돈이나 생일날 받는 특별 용돈 등이지요. 학교에서 만나는 아이들에게 물어보면 "엄마가 세뱃돈 빼앗아가서 안 준다"고 투덜거리거든요.

　사실 엄마는 아이들을 위해서 차곡차곡 적금에 넣고 있는데, 아이 입장에서는 엄마가 뭘 하는지 명확하게 말해주지 않으니 그냥 '엄마가 꿀꺽했다'고 오해하기 쉽습니다. 그러면 엄마도 억울하잖아요. 그러니까 아예 적어두자고요. "세뱃돈 등 특별 용돈의 절반은 자유롭게 쓰고, 나머지 절반은 엄마가 적금(주식)에 넣는다"라는 식으로 말이지요.

　저희 집의 경우 특별 용돈을 받으면 50%는 무조건 저축하되, 소비 목적으로 가져갈 수 있는 돈은 최대 5만 원으로 제한을 두었습니다. 만약 14만 원을 세뱃돈으로 받았다면 원래 저축해야 할 돈은 50%인 7만 원이지만, 5만 원까지만 자유롭게 쓰고 나머지 9만 원은 저축을 하도록 미리 정해 놓은 거지요. 자녀의 연령이나 성향에 따라서 이런 규칙을 명확하게 정해 놓으면 부모 자식 간에 세뱃돈을 놓고 실랑이하는 일을 줄일 수 있을 거예요.

처음 계약 기간은 짧게 ✦★

용돈계약서는 당연히 처음부터 완벽할 수 없습니다. 아무래도 처음 쓰다 보면 빼먹은 내용도 있을 테고요. 그러니 첫 번째 계약 기간은 한 달 정도로 짧게 가져가 보세요. 하다 보면 보완해야 할 부분이 생길 테니 그때 하나씩 반영해서 다시 계약하는 겁니다. 그렇게 수정·보완하다 보면 우리 집만의 용돈 규칙이 정착하게 될 거예요.

모든 내용이 잘 협의되었다면 약속의 의미로 도장을 찍으면 됩니다. 아이들은 이렇게 용돈계약서를 통해서 '계약서'라는 것을 처음 경험하게 됩니다. 계약서에 도장을 찍기 전에는 꼭 꼼꼼히 읽어봐야 한다는 것도 알려주세요. 일부러 아이에게 살짝 불리한 조항을 넣어 봐도 좋아요. 한 번 당한(?) 후에는 더 꼼꼼하게 확인하는 습관을 가질 테니까요. 함께 읽으며 어려운 용어가 있다면 익히고 지나가도 좋습니다.

마지막에 자기 이름이 새겨진 도장을 쿵 찍는 순간, 아이들은 왠지 모를 책임감을 느끼게 될 겁니다. 이렇게 아이들은 어른의 세계에 한발 다가가게 된답니다.

계약 내용은 정확히 지킬 것 ✦

아 참, 반드시 기억하셔야 할 게 있어요. 계약서는 엄마와 아이가 함께 약속하는 '쌍방계약'입니다. 아이도 계약서에 적힌 대로 해야 하지만, 엄마도 정해진 규칙대로 용돈을 줄 의무가 있는 거지요. "지금 돈이 없어서…"라며 다음으로 용돈 지급을 미루는 일이 생기면 안 됩니다. 그러면 아이에게 엄마의 신용이 떨어질지도 몰라요. 그러니까 미리 은행에서 동전이나 지폐를 넉넉히 바꿔놓으세요.

미처 돈을 준비하지 못해서 용돈을 정해진 날 지급하지 못했다면 늦어진 만큼 연체이자를 얹어서 주는 게 좋습니다. 이 역시 또다른 교육이 될 테니까요. 이자를 얼마로 정할지도 미리 계약서에 적어 놓으면 좋겠지요?

용돈메뉴판과 용돈계약서 양식은 이 책의 맨 뒤에 QR코드 형식의 부록으로 담아놓았어요. 파일로 내려받을 수 있으니 출력하여 각 가정에 맞게 바꿔서 활용해 보세요.

아이들은 용돈계약서를 통해서
'계약서'라는 것을 처음 경험하게 됩니다.
마지막에 자기 이름이 새겨진 도장을 쿵 찍는 순간
아이들은 왠지 모를 책임감을 느끼게 될 겁니다.
이렇게 아이들은 어른의 세계에 한발 다가가게 된답니다.

잔소리를
대신 해주는
벌금메뉴판

"아니, 이게 뭐야? 내가 언제 이랬다는 거야? 히익~ 6만 원?"

어느 날 집으로 과태료 고지서가 날아왔습니다. 부끄럽지만, 학교 앞 어린이 보호구역에서 과속했다며 과태료를 내라는 내용입니다. 시속 30㎞ 제한 구간에서 시속 41㎞로 달렸다네요.

내가 언제 저길 지나갔더라…? 가만히 기억을 더듬어보니 요전에 도서관 다녀오던 길이었나 봐요. 신호가 바뀔까 봐 속도를 좀 올렸는데 그때 찍혔나 봅니다. 억울하지만 어쩌겠어요. 내 차 번호판이 또렷이 찍혀 있는걸요. 이후부터는 그 길을 지날 때 엄청 신경 써서 운전하고 있답니다. 조금만 조심하면 되는 일인데 또 과태료를 내면 너무 아깝잖아요.

자동차를 운전하며 과속을 하거나 불법주차를 하면 과태료 혹은 범칙금을 냅니다. 싱가포르에서는 길에 침만 뱉어도 무시무시

한 과태료가 부과된다고 해요. 다른 사람들과 함께 살아가는 사회이기 때문에 생긴 규칙이겠지요. 안전하고 질서 있는 사회를 유지하려면 이렇게 지켜야 할 규범이 있어야 합니다. 그렇지 않으면 세상은 무질서로 가득 차게 될 거예요. 안전이 담보되지 않는 것은 당연할 테고요.

본인의 안전과 세상의 규칙을 지키도록 ✨

우리 집을 '작은 사회'라고 생각하면 집에서도 지켜야 할 규칙이 생깁니다. 저희는 그중 건강과 질서를 해치는 항목들에 벌금을 부과하기로 했어요.

어떤 항목에 벌금을 매길까 고민하다가 제가 하루도 빼놓지 않고 잔소리하는 부분이 생각났어요. 둘째의 '양치'입니다. 저희 집 둘째는 여전히 양치하는 것을 싫어해요. 자꾸 잊어버리기도 하고요. 사탕과 캐러멜을 좋아하는 녀석이 양치를 안 하면 어떻게 되겠어요. 치과 단골손님이지요. 그러니 밤마다 잔소리하는 게 일입니다. 그래서 계약서의 '벌금메뉴판'에 적었어요. 자기 전에 양치 안 하면 벌금 1,000원!

어느 날엔 장을 보고 집에 돌아오는데 학교 끝나고 걸어오는 첫째를 만났어요. 근데 이게 웬일이에요. 귀에 이어폰을 낀 채 스마트폰을 보면서 걷고 있는 게 아니겠습니까. 요즘은 애나 어른이나 횡단보도 건널 때도 스마트폰 보는 게 일상이라더니, 세상에, 우리 아들도 이러고 다녔었네요. 심지어 어떤 아이들은 자전거 타면서 한 손으로는 게임을 하더라고요? 스마트폰에서 눈을 못 떼는 아이들을 볼 때마다 아슬아슬 위태로워 보였는데 우리 아들도 그중 한 명이었다니, 당장 벌금메뉴판에 추가했습니다. 걸으면서 스마트폰 보면 벌금 1만 원!

아이들도 압니다. 하면 안 되는 것이 뭔지를요. 이렇게 아이들도 알지만 잘 안 지켜지는 것, 엄마가 자꾸 잔소리하게 되는 것들을 벌금메뉴판에 적어보세요. 차 타면서 안전벨트 안 맬 때, 친구에게 장난으로라도 돌멩이를 던질 때 등 본인이나 타인의 건강과 가정의 질서를 해치는 것, 사회적으로 해가 되는 것들을 명시하는 겁니다. 혹은 양말을 뒤집어 벗는다던가 쓰레기를 아무 데나 슬쩍 버리는 것 등 소소한 내용도 좋습니다.

종이에 적어 벽에 붙이는 순간 이것들은 꼭 지켜야 하는 우리 집의 규칙이 된답니다. 그리고 아이가 규칙을 어길 때 잔소리를 하는 대신 벌금메뉴판을 슬쩍 가리키면 상황 종료! 직접 잔소리를 하면 엄마가 악마가 되지만, 벌금메뉴판이 대신 잔소리를 해주니 엄마는 천사 모드를 유지할 수 있겠지요?

벌금이 면죄부가 되어선 안 된다 ✦⁺

다만 벌금제도를 활용할 때 주의할 점이 있어요. 혹시라도 벌금이 '면죄부'를 사는 비용이 되면 안 됩니다. 많은 부모님들이 '그날그날 해야 할 공부를 안 할 때' 벌금을 매기는 경우가 많더라고요. 강제성을 높이기 위한 의도겠지만 아이들은 "엄마, 벌금 낼 테니까 오늘은 공부 안 하면 안 돼요?"라고 할 수도 있거든요.

이렇게 '해도 되고 안 해도 되는 것'에는 벌금을 매기면 안 됩니다. 본인이나 타인의 건강을 해치는 행동, 사회규범을 위반하는 행동 등 반드시 지켜져야 할 것들에 조심스럽게 부과해 보세요.

아이가 자꾸 가불을 해달래요

요즘 아이들은 돈 쓸 데가 정말 많지요. 그러다 보니 정기적으로 받는 용돈만으로는 부족한 경우가 생깁니다. 3일 뒤가 용돈 받는 날인데 오늘 당장 한정판 굿즈를 사야 한다면? "엄마, 다음 달 용돈을 며칠만 미리 주시면 안 돼요?"라는 말이 절로 나옵니다.

그런데 가만히 생각해 볼까요? 미래에 받을 돈을 미리 당겨 쓴다…. 이거 어디서 많이 본 모습 같지 않나요? 네, 이건 어른들이 사용하는 '마이너스 통장'과 같은 개념입니다. 우리가 마이너스 통장에서 돈을 빼 쓰면 어떻게 되나요? 단 몇 시간만 쓰더라도 이자가 붙습니다. 일종의 신용대출이거든요. 마찬가지로 우리 아이들의 용돈 가불을 마이너스 통장의 개념으로 본다면 마땅히 이자가 발생해야 해요.

용돈 계약을 할 때 이런 내용도 미리 '특약'으로 설정해두면 좋습니다. 적절한 연이율을 정하고, 1년치 이자에 해당되는 금액을 365로 나눈 뒤, 가불한 날짜만큼 곱하면 갚아야 할 이자 금액이 나옵니다. 아이들의 용돈 규모는 그렇게 크지 않기 때문에 이자가 부담될 정도는 아닐 거예요. 하지만 이 과정에서 '돈을 빌린다는 것'의 개념을 제대로 인식하고, 실제로 이자를 계산하는 연습을 해 볼 수 있습니다.

중학생쯤 되면 친구들 간에 돈을 빌리는 경우가 많아지더라고요. 친구들끼리 빌리는 건 그나마 낫습니다. 소위 '대리입금'이라고 부르는 사금융에 손을 벌리는 경우도 있답니다. 10만 원 내외의 금액을 단기간 빌려주는 일종의 대출상품인데, 전화 한 통으로 아주 간단히 빌릴 수 있대요. 급전이 필요한 아이들에게 솔깃한 제안이겠지요.

문제는 이 대리입금이 불법 고금리 사채라는 데에 있습니다. 최근에 뉴스에 보도된 걸 보니, 연이율로 따지면 무려 8,000%에서 1만%의 이자를 받아 가는 경우도 있다고 하더라고요. 하지만 이자가 아니라 '수고비'나 '지각비'라는 친근한 용어를 사용하기 때문에 이자율의 개념이 뭔지 모르는 아이들은 별것 아닌 것으로 치부하기 쉽습니다.

그래서 우리는 가정에서 먼저 이런 금융교육을 해야 합니다. 안전한 엄마 품에서 말이지요. '돈거래에는 공짜가 없다'는 걸 가정에서 가르치지 않으면 아이들은 밖에서 비정상적인 방법으로 배웁니다. 자본주의 세상은 신용으로 맺어져 있고, 그 신용은 평소에 가족·친구들과 약속을 잘 지키는 것부터 쌓이기 시작한다는 것을 꼭 알려주시면 좋겠어요.

4장

꿈이 이뤄지는
3개의 저금통을 만들어요

돈을 잘 관리하고 종잣돈을 모으기 위해 어른들도 많이 하는 방법이 바로 '통장 쪼개기'인데요. 아이들의 돈 관리도 마찬가지입니다. 용돈을 받으면 먼저 네 개로 쪼개서 이름을 붙이고, 각각의 저금통에 돈을 넣는 습관을 길러줍시다. 어른이 되어도 자연스럽게 돈 관리를 하게 되도록이요.

어른은 '통장 쪼개기', 아이는 '저금통 쪼개기'

흔한 직장인의 월급날.

"아싸! 오늘은 월급날! 통장이 두둑히 채워지니 마음이 아주 풍족~하구먼. 이걸로 뭘 할까? 며칠 전 인터넷 쇼핑몰 장바구니에 담아두었던 옷을 사? 아니면 이 참에 핸드폰을 바꿔? 새로 나온 기기는 카메라 100배 줌 기능이 끝내준다던데…. 아, 휴가 때 해외여행 갈 비행기 티켓을 미리 끊어 둘까? 근데 왠지 불안하네. 이렇게 돈이 들어오면 꼭 어디론가 나갈 데가 생기던데…. 맞다, 이번 달 재산세 내야 하지? 에이, 세금 내고 나면 남는 게 없겠네."

흔한 초등학생의 용돈 받는 날.

"아싸! 오늘은 용돈 받는 날! 이번에 새로 나온 아이돌 오빠들 포토카드 사야지! 지난번에 봐뒀던 캐릭터 스티커도 사고, 주말엔 친구랑 맛있는 거 먹어야겠다. 요즘 요거트 아이스크림이 맛있다던데, 벌집 토핑 올려 먹으면 맛있겠다~. 아 맞다! 그 전에 지난달에 친구에게 빌린 1만 원부터 갚아야 하는구나. 에휴, 결국 이번 달 용돈도 남는 게 없겠네."

주변에서 흔히 만나는 상황이지요? 근데 어쩜 어른이나 애들이나 이렇게 똑같을까요. 돈의 규모가 달라졌을 뿐 "어? 돈이 있었는데, 없어졌네?" 하는 상황이 반복되는 건 연령을 불문한 진리인가 봅니다.

쓰기 전에 모으는 습관을 키우자 ✨⭑

늘 미래를 대비해서 저축해야겠다고 생각하지만 그게 말처럼 쉽지 않습니다. 세상엔 왜 이렇게 먹고 싶은 것도, 하고 싶은 것도, 갖고 싶은 것도 많은지요. 그것들을 모른 척하기엔 나만 원시인이 된 것 같아요. 그래서 돈이 들어오면 일단 갖고 싶던 것들을 삽니다. 그다음에 돈이 남으면 저축하면 되지요.

하지만 그게 어디 잘 되던가요. 저축은커녕 마이너스만 안 나면 다행이게요? 그렇게 '월급 님'과 '용돈 님'은 흔적만 남기고 바로 통장에서 로그아웃하기 일쑤입니다. 그럼 어떻게 해야 할까요? 아이들의 눈높이로 예를 들어 볼게요. 여러분도 아이들과 함께 이야기 나눠보세요.

"친구들 네 명이 돈을 모아서 과자를 한 봉지 샀어. 함께 나눠 먹으려고 봉지를 뜯었는데, 원영이가 갑자기 배가 아프다며 화장실에 다녀오겠대. 남은 친구들은 화장실 간 원영이를 기다렸지. 근데 원영이는 오랫동안 오지 않는 거야. 과자는 너무 먹고 싶고. 그래서 한 개, 두 개 먹기 시작했어. 과자 한두 조각 먹는다고 뭐 티 나겠나 하는 마음이었지. 근데 먹다 보니까 어떻게 되었을까? 맞아. '순삭'된 거지. 원영이가 먹을 과자는 하나도 남지 않았네. 이런 일을 막기 위해서 친구들은 어떻게 했어야 할까?"

가장 바람직한 방법은 미리 과자를 4등분해서 '원영이 몫, 민지 몫, 유진이 몫, 정한이 몫'으로 이름을 붙여두는 겁니다. 그러면

▌과자에 이름 붙여 나누기

▌돈에 이름 붙여 나누기

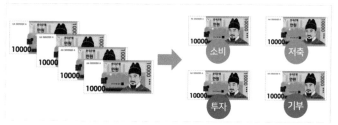

화장실 간 원영이 몫은 남겨두고 본인의 것만 먹을 수 있을 테니까요. 나누어 이름을 붙이는 것은 엄청 쉬운 일이지만, 중요할 때 큰 힘을 발휘한답니다.

돈도 마찬가지예요. 돈을 받아서 한 통에 넣어두면 야금야금 쓰다가 어느새 사라져 버릴 거예요. 그래서 제가 아이들에게 제안하는 방법은 '용돈 쪼개기'입니다. 용돈을 받으면 먼저 쪼개서 이름을 붙이는 거예요. 그 이름은 각각 '소비, 저축, 투자, 기부'입니다. 어른들의 월급도 마찬가지입니다. 생활비, 교육비, 용돈, 비상금 등으로 '통장 쪼개기'를 하여 관리하는 거지요.

이미 그렇게 관리하고 있으시다고요? 그럼 더 좋습니다! 이제부터 '소비, 저축, 투자, 기부'의 네 가지로 용돈을 쪼개어 관리하는 법을 시작해 볼까요?

돈 관리의 시작은
'이름 붙이기'

어른들은 '돈 관리'라는 말만 들어도 어떻게 해야 할지 골치가 지끈지끈하죠. 하지만 아직 돈의 용처가 넓지 않은 아이들은 아주 간단하답니다. 준비물은 지갑과 저금통 세 개!

이때의 저금통은 꼭 시중에서 파는 것이 아니어도 돼요. 돈을 담을 수 있는 형태면 무엇이든 됩니다. 머그컵이나 테이크아웃 커피컵도 좋고, 작은 문구류를 담는 칸칸 서랍도 좋아요. 제가 가장 추천하는 것은 과일잼을 담았던 유리병이랍니다. 쉽게 구할 수 있고, 투명해서 돈이 얼마나 모였는지 잘 보이고, 유리 재질이라 동전을 넣을 때마다 '땡그랑' 소리가 나면 기분도 좋아지거든요. 저금통에는 견출지나 포스트잇 등을 활용해서 '저축', '투자', '기부'라고 이름표를 붙이세요.

용돈을 받으면 일단 돈을 '소비, 저축, 투자, 기부'의 네 종류로 쪼갭니다. 물리적으로 돈을 나누는 과정이에요. 그중 '소비'에 해당하는 금액은 지갑에 보관하고 저축, 투자, 기부 금액은 각각의 이름이 적힌 저금통 세 개에 나누어 넣을 거예요. 각 저금통에 얼마씩 넣을지는 아이와 함께 정하시면 됩니다.

세 개의 저금통 외에 특별한 목적의 저금통을 따로 만들어도 좋아요. 저희 집 둘째는 아파트 야시장에서 쓰거나 친구들과 영화를 보러 갈 때, 또는 게임머니를 살 때 쓰겠다며 '비상금' 저금통을 따로 만들었더라고요.

아, 현금이 아니라 카드로 용돈을 주는 경우는 어떡하냐고요? 이 부분에 대해서는 다음 장에서 말씀드릴게요. 여기에서는 일단 용돈을 어떤 항목으로 쪼개는지만 참고해 보세요.

소비를 위한 돈 ✦˚

첫 번째로 '소비'라고 이름 붙인 돈은 말 그대로 아이들이 자유롭게 쓸 돈입니다. 학용품을 사거나, 간식을 먹거나, 친구의 생일 선물을 준비하는 돈이지요. 이 돈은 지갑에 넣어두었다가 자유롭게 사용할 수 있습니다. 이 돈을 어디에 어떻게 쓸 것인지는 온전히 아이들의 몫이기 때문에 엄마는 절대 간섭하시면 안 돼요. 단,

용돈기입장은 성실하게 쓰기로 약속! 그래야 나중에 어디에 얼마를 썼는지 피드백할 수 있거든요.

소비 목적의 용돈은 아무데나 놔두거나 주머니에 쑤셔넣지 말고 꼭 지갑에 보관하도록 알려주세요. 지폐와 동전을 구분하여 차곡차곡 잘 보관해야 합니다. 돈을 지갑이라는 정해진 장소에 잘 보관하는 일은 돈을 대하는 기본적 태도를 기르는 일이기도 합니다. 『돈의 속성』이라는 책에서 저자 김승호 회장은 "돈은 인격이다"라고 말했습니다. 돈도 사람처럼 자신을 아껴주는 사람에게 와서 들러붙는대요. 심지어 이렇게 돈을 잘 관리하는 사람에게는 돈이 친구들을 데려오기도 한다고요. 돈이 사람이라고 상상해 봅시다. 막 구깃구깃 구겨진 채 주머니나 서랍 속에 굴러다니는 돈은 얼마나 괴로울까요. 이렇게 본인을 막 대하는 사람에게서는 한시라도 빨리 떠나고 싶을 거예요.

저축을 위한 돈 ✦

두 번째로 '저축'이라고 이름 붙은 돈은 우리 아이가 성인이 되었을 때 쓸 독립자금입니다. 즉 우리 아이의 종잣돈이지요. 대학 학자금으로 쓰거나, 독립해서 혼자 살 곳을 마련하는 데 보탤 수도 있고, 혹은 창업자금으로 쓸 수도 있겠지요? 그때를 대비해서 아이들이 스무 살이 될 때까지 꾸준히 모아가면서 불려야 할 돈입니다. 하지만 아이들에게 10년 뒤 미래는 막연하게 느껴질 수 있어요. 그래서 좀 더 구체적으로 생각할 수 있도록 질문을 던져봅니다.

> 엄마 : 너는 빨리 독립하고 싶다고 했잖아. 스무 살이 돼서 이 집에서 나가서 혼자 살아야 한다면 뭐가 필요할 것 같아?
> 첫째 : 일단 살 집이 있어야겠지? 그리고 먹을 거랑 옷, 가구들도 필요할 거야.
> 엄마 : 맞아. 그런데 그런 것들을 마련하려면 뭐가 필요하지?
> 첫째 : 그런 것들을 살 돈이 필요하겠지.
> 엄마 : 맞아. 그래서 미리 준비해야 해. 그때 가서 정작 돈이 없으면 독립하고 싶어도 못 나갈 테니까.

저희 집 첫째는 나중에 독립하면 멋진 집에서 '사치 부리며' 살고 싶다고 이야기합니다. 전자제품 매장을 지나갈 때면 커다란 TV를 보며 군침을 흘리곤 해요. 물론 가격을 보면 깜짝 놀라지만요. 어느 날은 휴대폰으로 밥솥이 얼마인지 검색해 보더라고요. 그리고 눈이 휘둥그레져서 엄마를 부릅니다.

첫째 : 히익~ 엄마, 무슨 밥솥이 이렇게 비싸? 40만 원이 넘어! 나 독립하면 그냥 햇반 먹고 살아야겠어.

엄마 : 하하하, 1인용 밥솥은 몇 만 원 대의 저렴한 것도 있을 거야. 걱정 마.

첫째 : 휴, 다행이다. 돈 없으면 정말 독립도 못 하겠어.

이 글을 읽는 부모님들은 이미 아이들의 미래를 위해서 적금 등의 준비를 하고 계시지요? 이 저축에 아이들 본인의 용돈도 보태게 해주세요. 이 저축액을 감안하여 용돈을 조금 더 주셔도 좋습니다. 저희 집은 첫째의 적금과 청약통장에 넣는 돈을 용돈에 포함하여 주고, 직접 매월 이체하도록 하고 있답니다.

어차피 똑같이 부모님의 주머니에서 나가는 건 마찬가지겠지만, 아이들 본인의 용돈 주머니에서 빠져나가도록 느끼게 하는 거지요. 자기 용돈을 한 푼 두 푼 모아 만든 종잣돈이라면 얼마나 소중하겠어요. 나중에도 그 돈은 허투루 쓰지 않게 될 거예요.

투자를 위한 돈 ✦ˎ

다음은 '투자'입니다. 여기서 말하는 투자는 단순히 주식 투자처럼 재물을 불리는 재테크의 개념을 넘어 보다 넓은 의미입니다.

미래에 어떤 이득을 얻기 위해서 시간과 정성과 돈을 쏟는 것 전부를 뜻하지요.

특히 최고의 투자는 사람에 대한 투자라고 하잖아요. 우리 아이가 스스로에게 투자할 돈을 모으려면 먼저 아이의 꿈이 뭔지 알아야겠지요? 아이에게 꿈이 뭐냐고 물어보세요. 나중에 어떤 일을 하고 싶은지, 어떻게 살고 싶은지 말이지요.

학교에서 아이들에게 물어보면 "꿈이 없다"라고 말하는 아이들이 상당히 많아요. 괜히 섣불리 얘기했다가 터무니없다는 타박을 들을까 걱정이 되나 봅니다. 이런 아이들은 대부분 꿈을 '직업'이라고 생각하더라고요.

하지만 꿈이란 꼭 직업만을 의미하지는 않아요. '어떻게 살고 싶다'는 막연한 삶의 형태일 수도 있답니다. 캠핑카를 타고 세계를 여행하는 것도, 강아지 열 마리와 함께 마당 넓은 전원주택에 사는 것도 모두 소중한 꿈이 될 수 있지요. 그러니 뭐든지 괜찮아요. 아이들 꿈은 그렇게 '아무렇게나' 생각해 보는 데서 시작하는 거니까요.

꿈이 뭔지 정했다면, 그다음에는 그 꿈을 이루기 위해서 뭐가 필요한지 적어봅니다. 예를 들어 과학자가 꿈이라면 그 과학자가 되기 위해서 어떻게 해야 하는지 생각해 보는 겁니다. 과학 공부를 열심히 해야 할 테고, 과학책을 많이 읽고, 실험도 부지런히 해

봐야겠지요? 과학자가 되기 위해 밟아가야 할 세부목표를 설정하는 단계입니다. 그 세부목표마다 돈이 필요한 것들이 있을 거예요. 과학책을 사거나 실험도구를 장만할 때 등등이겠지요.

손흥민 같은 세계적인 축구선수가 되려면 축구클럽에 다니며 열심히 축구 연습을 해야겠죠. 그때 축구화, 축구공, 유니폼 등을 마련하려면 돈이 필요할 테고요. 세계를 여행하는 게 꿈이라면 영어 공부를 하거나 비행기 티켓값을 모으는 것이 세부목표가 될 겁니다.

이렇게 아이들은 '투자' 저금통을 통해 본인의 꿈을 한 단계씩 밟아나갈 거예요. 제가 아이들의 용돈을 쪼개어 관리할 때 가장 중요하다고 생각하는 저금통이랍니다.

기부를 위한 돈 ✨★

마지막으로 '기부'는 말 그대로 도움이 필요한 이웃을 위해 쓸 돈이에요. 우리 주변에는 우리의 도움이 필요한 이웃들이 많지요. 아이들과 '기부'의 의미에 대해 이야기를 나눠보세요. 어디에 기부할지도 함께 정해 보시고요.

북극곰이 멸종될까 걱정하는 아이는 환경보호단체에 기부할 수 있어요. 강아지를 좋아하는 아이는 유기견을 보호하는 동물보호단체에 기부할 수 있겠지요. 혹은 우리 주변의 어려운 이웃들을 위해서 가까운 복지관이나 행정복지센터를 통해 기부 방법을 알아볼 수도 있고요.

기부는 돈 공부의 마지막 단계이기 때문에 급하게 시작하지 않아도 됩니다. 돈 쓸 곳이 많은 아이들은 '내가 쓸 돈도 부족하다'라고 생각하는 경우도 많거든요. 하지만 이 책에서 말씀드리는 과정을 천천히 따라가다 보면 결국은 아이들도 알게 될 거예요. 돈은 나뿐만 아니라 남을 위해서 쓸 수도 있다는 것을요. 그리고 그 과정에서 돈을 가치 있게 쓴다는 게 어떤 건지도 자연스럽게 알게 될 테고요.

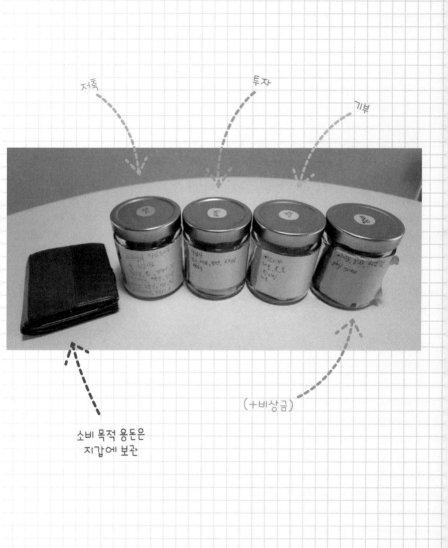

저축

투자

기부

(+비상금)

소비 목적 용돈은
지갑에 보관

돈의 흐름을
직접 관리하는
'용돈 지도'

　용돈을 용도별로 나누어 소비할 돈은 지갑에, 저축·투자·기부할 돈은 각각의 저금통에 넣기로 했지요? 서서히 저금통이 차오르기 시작하면 그다음에 해야 할 단계를 안내해 드릴게요. 아이의 용돈이 흘러갈 지도를 그리는 과정입니다. 먼저 현금으로 용돈을 받는 경우부터 갑니다.

현금으로 용돈을 받는다면

　저축·투자·기부 등 세 개의 저금통 중에서 본인을 위한 것은 '저축'과 '투자' 저금통이지요. 저금액도 가장 많을 테니 동전으로 용돈을 받는다면 금방 꽉 찰 거예요. 참고로, 저금통이 꽉 차는 뿌듯함을 자주 느끼게 하기 위해서 저금통은 큰 것보다 작은 것을 활용하는 게 좋아요.

어느 정도 저금통이 찼다면 이 돈을 은행에 가져가서 통장으로 옮깁니다. 혹은 한 달에 한 번이나 두 달에 한 번 정기적으로 은행을 방문하는 것을 규칙으로 삼아도 됩니다. 이때 통장은 두 개가 필요해요. 하나는 예·적금 통장, 또 하나는 자유입출금 통장입니다. 이왕이면 아이의 이름으로 된 통장이면 좋겠지요?

예·적금 통장에는 '저축' 저금통에 모은 돈을 넣습니다. 이 돈은 아이가 성인이 될 때까지 불릴 돈이니 예·적금 통장으로 옮겨서 적지만 이자수익을 보탭니다. 예·적금이 만기되면 주식이나 펀드로 옮기면서 장기적으로 불려주는 게 좋아요.

자유입출금 통장에는 '투자' 저금통에 모은 돈을 넣습니다. 이 돈은 아이들의 꿈을 위해 쓸 돈이잖아요. 언제든지 아이들이 필요할 때 빼야 하니 자유입출금 통장이 적당합니다. 혹은 이율이 조금 높은 파킹통장이나 증권사 CMA 등을 이용해도 좋습니다.

여기에 통장 하나를 더한다면, 청약통장을 함께 만드는 게 좋아요. 최근에 법이 개정되면서 만 14세부터 청약통장 납입 기간을 인정받을 수 있게 되었답니다. 이에 따라 실제로 청약저축의 효력을 인정받으려면 만 14세부터 시작해도 되지만, 우리 아이가 그보다 어리더라도 일단 만들어 둡시다. 자녀 이름으로 처음 청약통장에 가입하면 정부에서 바우처 지원금을 1만 원 넣어주거든요. 여기에 내 돈 1만 원을 보태 2만 원을 납입하면 대부분의 은행에서는 함께 가입한 적금의 금리를 0.5% 정도 더 얹어준답니다.

특히 이 청약통장은 할머니 할아버지가 용돈을 주고 싶어 하실 때 이쪽으로 넣어달라고 부탁드리는 용도로 활용해도 좋아요. 나중에 손주가 내 집 마련을 할 때 할머니 할아버지가 도움을 주시는 셈이지요. 주시는 분들에게도, 받는 아이에게도 의미 있는 통장이 될 거예요.

▌ 용돈지도 (현금으로 받을 때)

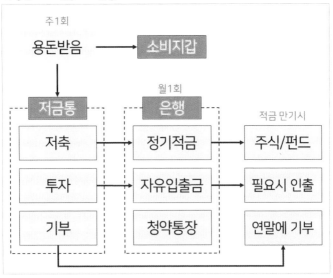

'기부' 저금통에 모은 돈은 상황에 따라 자유롭게 활용하면 됩니다. 현금 자체를 기부한다면 아이가 정한 기부처에 바로 입금해도 되고, 별다른 기부처를 정하지 못했다면 집 근처 행정복지센터에 가져가는 방법도 있어요. 기존에 부모님이 기부하는 곳이 있다면 거기에 액수를 합쳐도 된답니다. 혹은 1년간 모았다가 연말에 구세군 냄비에 아이 손으로 직접 넣는 것도 뜻깊을 거예요.

위에서 설명한 내용을 그림으로 표현하면 왼쪽과 같습니다. 한눈에 이해가 되시지요?

통장으로 용돈을 받는다면 ✦*

요즘은 현금 없이 체크카드에 연결된 통장으로 용돈을 받는 아이들이 굉장히 많더라고요. 이런 경우엔 실제 현금을 손에 쥘 일이 없기 때문에 '돈을 쪼갠다'는 의미를 체감하기 어려울 수 있어요. 그래서 용돈을 세팅할 때 그림으로 그려서 돈의 흐름을 보여주면 좋습니다. 그리고 앞에서 저금통을 쪼갰듯이 통장도 목적별로 쪼개서 직접 용돈을 입금하는 방식으로 프로세스를 잡아보세요.

용돈을 통장으로 받을 때는 앞에서 만든 '저축 통장(적금)'과 '투자 통장(자유입출금)' 외에 '용돈 통장'으로 쓸 보통예금 통장이 하나 더 필요합니다. 어른들의 급여계좌와 비슷한 개념이에요. 모든 돈은 이 통장으로 들어오고, 이 통장에서 나갈 거예요. 이 통장에는 체크카드가 연결되어 있어야 하고요.

용돈은 바로 이 용돈 통장으로 넣어줍니다. 아이는 용돈을 받자마자 저금통에 저축하는 것처럼 미래를 위한 '저축 통장(적금)'과 꿈을 위한 '투자 통장(자유입출금)'으로 용돈을 쪼개어 보냅니다. 자동이체로 빠져나가도록 설정해 두어도 좋아요. 매번 송금하는 게 번거로울 수 있으니까요. 여기에 '기부'도 자동이체를 통해 원하

▍용돈지도 (통장으로 받을 때)

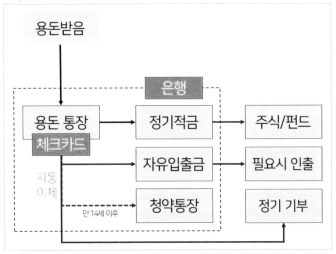

는 곳으로 흘러가게 세팅하면 더 좋고요.

용돈을 받아서 저축·투자·기부할 돈을 각각 보내고 나면 용돈 통장에는 '소비'할 돈만 남겠지요? 그러면 체크카드로 남은 돈의 한도 내에서 다음 용돈 받을 때까지 잔액을 관리하면 된답니다. 그림으로 표현하면 왼쪽과 같아요. 여러분도 참고해서 우리 집만의 용돈 지도를 그려보세요.

저금통을 이용하든 통장을 이용하든, 중요한 것은 매주 또는 매월 용돈을 받을 때마다 소비·저축·투자·기부로 쪼개기를 반복하는 것! 일주일 단위로 용돈을 받는다면 매주 한 번씩 용돈을 쪼갤 것이고, 1년이면 52번 쪼개기를 하겠지요. 10년이면 무려 520번!

이렇게 같은 행동을 반복하면 어떻게 될까요? 네, 습관이 될 거예요. 용돈 쪼개기가 습관이 된 아이들은 어른이 되어서도 자연스럽게 용도별로 돈을 나누어 관리하게 될 겁니다. 이런 아이들은 당연히 돈을 관리하는 데에 어려움이 없을 거예요.

어느 저금통에
얼마를 넣으면
좋을까

아이들과 용돈을 쪼개고 저금통을 세팅할 때 의외의 복병이 생기기도 합니다. 용돈을 소비·저축·투자·기부로 나누되 어디에 얼마를 배분할 것인가 하는 고민이지요. 용돈계약서를 쓸 때 대략적인 비율을 정해두긴 하지만, 매번 용돈을 받고 저금통에 넣을 때마다 아이들은 고민을 한답니다. 특히 형제가 여럿인 경우 잘 관찰해 보세요. 아이마다 배분하는 비율이 다르다는 걸 발견하실 수 있을 거예요.

꿈이 우선인 아이 vs 현실이 우선인 아이

몇 년 전 엄마표 경제교육 사례로 「KBS 생생정보」라는 프로그램에 출연한 적이 있어요. 그때 아이들이 얼마나 저축을 했는지 계산해 보는 과정에서 재미있는 점을 발견하게 되었습니다. 첫째는 꿈을 위한 투자 저금통에, 둘째는 미래를 위한 저축 저금통에 훨씬 많은 비중을 싣고 있더라고요. 사실 이 부분은 그동안 저도 잘 인식하지 못하고 있었어요. 그래서 이 기회에 왜 그런가 곰곰히 아이들을 관찰해 보았습니다. 근데 이것도 아이마다 중요하게 생각하는 우선순위에 따라 다른 거더라고요.

지하철 발명가가 꿈인 첫째의 경우 철도와 관련된 꿈을 이루겠다는 명확한 목표가 있답니다. 철도 관련해서 언제 무엇을 하겠다는 단기목표도 뚜렷하고요. 특히 저 당시에는 곧 KTX를 타고 부산으로 지하철 정복 여행을 떠난다는 목표를 세웠던 때거든요. 그러다 보니 저금통 중에서 본인의 꿈을 위한 투자 저금통에 돈을 모으는 게 우선이었던 겁니다.

반면 둘째의 경우 과학자가 꿈이지만 '어떤 과학자'가 될 것인지 아직은 뚜렷하지 않았어요. 그래서인지 꿈을 위한 투자 저금통보다는 미래를 위한 저축에 더 많은 돈을 넣더라고요. 둘째는 그냥 꿈 관련해서 당장 하고 싶은 게 없어서 그렇구나 했지요. 그런데 피디님과 인터뷰하는 모습을 보고 둘째의 행동이 명확히 이해되었습니다.

피디 : 이 세 가지 저금통 중에 어떤 게 제일 좋아요?

둘째 : 저축이요. 과학자가 되지 못해도 먹고살려면 돈이 필요하니까 이쪽에 많이 넣어요.

와, 이 열 살짜리 꼬맹이도 '먹고사는 것'을 고민하고 있었던 거군요! 꿈은 언제든지 바뀔 수 있고, 꿈이 이뤄지지 못할 수도 있잖아요. 하지만 어느 쪽이든 먹고살려면 돈이 필요하니까 미래를 위해서 저축하겠다는 거지요. 아무 생각도 없는 줄 알았던 우리 집 소비대마왕이 나름 진지하게 미래를 생각하고 있었다니 감동이었습니다.

기특한 마음에 이 촬영을 끝내고 나서 아이들에게 두둑하게 수고비 겸 용돈을 주었답니다. 첫째는 기차여행을 위한 투자 저금통에, 둘째는 미래를 위한 저축 저금통에 넣은 건 물론이고요.

아이가 저금에 흥미를 잃는다면 ✦

돈에 익숙해지기 시작하면 어느덧 아이들은 꾀를 냅니다. '그냥 저금 안 하고 전부 과자 사 먹으면 안 되나?' 하는 생각이 드는 거예요. 먼 미래보다 당장 눈앞에 있는 과자의 유혹이 강력한 건 당

첫째 누적 저축 금액		둘째 누적 저축 금액	
저축	35만 원	저축	40만 원
투자	68만 원	투자	13만 원
기부	14만 원	기부	12만 원
총합	117만 원	총합	65만 원

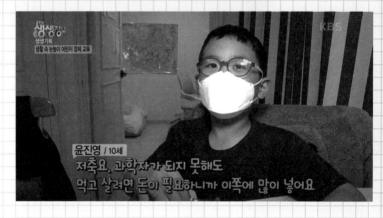

윤진영 / 10세
저축요. 과학자가 되지 못해도
먹고 살려면 돈이 필요하니까 이쪽에 많이 넣어요

저희 집 첫째는 꿈을 위한 투자 저금통에,
둘째는 미래를 위한 저축 저금통에 훨씬 많은 비중을 싣고 있습니다
아이마다 중요하게 생각하는 우선순위에 따라 달라지는 것이죠.

연합니다. 게다가 요즘은 은행 이자가 정말 적잖아요. 석 달에 한 번씩 이자가 들어오는 것을 보면 '애걔~?'라는 탄식이 절로 나옵니다. 그러다 보니 아이들 역시 저축을 해야 할 필요성을 잘 느끼지 못할 수 있습니다.

그럴 땐 '엄마표 100% 이자'를 도입해 보세요. 아이들이 저축한 금액과 동일한 금액을 저금해주는 거지요. 입금자명에는 엄마의 사랑을 가득 담아 '엄마♥'로 표시하는 것 잊지 마시고요. 아이들은 아마 엄마의 하트 도장을 받기 위해서라도 기쁘게 저금을 하게 될 거예요. 저희 집 아이들에게는 효과 만점이었답니다.

아이를 위해 모은 돈의 증여신고 문제

대부분의 가정에서는 자녀를 위해 적금과 같은 방식으로 종잣돈을 모아주고 계실 거예요. 아이들이 명절날 받는 세뱃돈이나 용돈, 그리고 아이들 앞으로 나오는 아동수당을 함께 모으는 분도 계시고요. 그런데 이걸 모아서 훗날 아이들에게 줄 때 증여신고를 해야 하나 말아야 하나 고민인 분들이 계실 겁니다.

결론부터 말씀드리면, 아이들에게 전달되는 돈은 '원칙적으로' 모두 증여신고를 해야 합니다. 다만 사회통념 상 인정되는 규모의 용돈이나 생활비 등은 증여세 면제 대상이라고 해요. 문제는 '사회통념 상 인정되는 규모'의 기준이 명확하게 얼마라고 정해져 있지 않다는 겁니다. 부잣집에서는 몇천만 원을 용돈으로 줄 수도 있는 거잖아요? 그래서 그때그때 상황에 따라 신고대상일 수도, 아닐 수도 있다는 해석이 있습니다.

그래서 뭐 어쩌란 말이냐! 이 책을 읽고 계신 여러분들도 저처럼 평범한 부모라고 가정하고 말씀드릴게요. 가장 깔끔한 방법은 부모의 이름으로 적금을 들어서 미성년자녀 증여세 비과세 한도인 2,000만 원까지 모은 후, '현금'으로 자녀에게 증여하는 겁니다. 그리고 이후에는 그 돈을 자녀의 이름으로 주식이든 부동산이든 시간을 먹고 자라는 자산에 투자해놓는 거지요.

한꺼번에 2,000만 원을 증여하기 어렵다면 매월 일정 금액을 아이들 앞으로 증여할 수도 있습니다. 다만 매월 이렇게 신고한다는 건 귀찮은 일이기 때문에 나라에서는 '유기정기금' 증여 제도를 운영하고 있어요. "나는 매월 얼마씩 앞으로 몇 년간 증여할 것이다"라고 미리 신고하는 개념인데요. 이 방식은 물가상승률 정도(약 3%)에 해당하는 이자율을 할인해주기 때문에 비과세 한도인 2,000만 원보다 약 300만 원가량을 세금 없이 추가로 증여할 수 있는 장점이 있답니다. 인터넷에서 '유기정기금'으로 검색해 보시면 더 자세한 정보가 있으니 꼭 한 번 찾아보시고 활용하시길 바랍니다.

5장

현명하게
돈 쓰는 법을 배워요

지금까지 벌고 모으는 것을 익혔으니 이제부터는 잘 쓰는 법을 익힐 차례입니다. '개념 있는 소비', '현명한 소비'란 뭘 의미하는지 저희 집 아이들과 이야기 나눴던 다양한 사례들을 보여드릴게요. 여러분 가정에 맞게 변형해서 활용해 보세요.

피자 vs 치킨,
오늘 저녁엔 뭘 먹을까

엄마 : 얘들아, 오늘 특별한 날인데, 저녁으로 뭐 시켜 먹을까?

첫째 : 와~ 난 피자!

둘째 : 난 치킨!

성격이 정반대인 저희 집 두 녀석은 좋아하는 음식도 다릅니다. 그러다 보니 저녁 메뉴 하나 고르는 것도 한 번에 의견이 일치한 적이 없어요. 이게 뭐라고, 심하면 둘이 목에 핏대를 세워가며 싸우기까지 하더라고요. 어휴, 물어본 엄마가 잘못이구나…. 확 없던 일로 하고 싶지만 인내심을 발휘해 봅니다. 이런 상황이야말로 경제교육을 하기 딱 좋은 기회거든요.

엄마 : 첫째야, 너는 왜 피자를 골랐어?

첫째 : 엄마, 오늘 학교 급식에서 마침 치킨이 나왔거든? 두 끼 연속 치킨을 먹으면 지겹잖아. 그러니까 오늘은 내가 좋아하는 페퍼로니 피자를 먹으면 좋겠어.

엄마 : 아, 점심 때 이미 치킨을 먹었으니 저녁에도 치킨을 먹으면 만족도가 떨어질 거라는 말이지? 좋아. 그럼 둘째 너는 왜 치킨이 먹고 싶어?

둘째 : 엄마, 우리 학교는 치킨 안 나왔단 말이야. 난 치킨 먹은 지 몇 주 된 것 같아. 게다가 빵은 오늘 아침에도 먹었잖아. 그러니까 저녁엔 바삭바삭한 치킨 먹자. 달콤한 허니치킨 어때? 형아도 허니치킨 좋아하잖아.

오, 그냥 단순한 취향 차이일 거라고 생각했는데 나름대로 이유가 있었네요. 사실 이런 상황에 정답은 없습니다. 다만 어떤 이유가 좀 더 합리적인지, 그리고 어떻게 상대방을 설득할지의 문제일 뿐이지요. 이렇게 대화를 하다 보면 이내 한쪽으로 결론이 납니다. 가끔은 목소리 큰 녀석이 이기기도 하지만요. 또 다른 사례들을 볼까요?

- 지나가는데 붕어빵 가게 발견! 팥 붕어빵을 먹을까, 슈크림 붕어빵을 먹을까?

- 이번 주말엔 가족들과 캠핑을 갈까? 아니면 집에서 게임하는 게 좋을까?

- 할머니 댁에서 돌아오는 길, 고속도로가 막히기 시작했다! 이왕 막히는 거 휴게소에서 쉬었다 간다? 아니면 더 막히기 전에 서둘러 간다?

- 학교 끝나고 10분쯤 짬이 났네? 햄버거를 먹으러 갈까, 아니면 놀이터에서 친구들과 잠깐이라도 놀까?

- 세뱃돈을 두둑히 받았다! 이 돈으로 게임기를 살까, 아니면 방학 여행비로 저축을 할까?

여러분의 일상에서도 수없이 마주치는 상황들이죠? 강의할 때 아이들에게 이 질문을 던지면 아주 난리가 납니다. 여기에 목숨 걸었다는 듯 어쩌나 목청껏 소리를 지르는지 몰라요. 이런 소소한 것들도 열정적으로 고민하는 아이들이 귀엽습니다.

경제란 끊임없는 선택의 문제다 ✨

누구나 삶을 살아가면서 수시로 선택의 순간을 만납니다. 어릴 땐 이런 소소한 것들만 선택해도 되지만, 어른이 되면 좀 더 중요하고 큰 선택에 맞닥뜨리게 되지요. 이 남자랑 결혼할까, 아니면 하지 말아야 할까? 결혼식 때 '스드메'에 돈을 더 쓸까, 아니면 가구나 가전제품 구매에 돈을 더 쓸까? 내 집 마련은 지금 해야 하나, 아니면 나중에 해야 하나? 한다면 회사 근처가 좋을까, 아니면 친정 근처가 좋을까? 순간순간 어찌나 선택해야 할 게 많던지요. 사실 돈과 시간이 많다면 뭐가 고민이겠어요. 그냥 다 사 버리고, 다 하면 되죠. 아이들도 그렇게 말하더라고요.

"엄마, 그냥 피자랑 치킨 둘 다 먹으면 안 돼?"

이 말도 맞습니다. 우리 로망 중 하나가 백화점 명품매장 가서 "여기서부터 저기까지 다~ 주세요" 하는 거잖아요. 그런데 왜 우리는 꼭 선택을 해야 하는 걸까요? 그 이유는 아이들도 잘 알고 있더라고요. 우리에게는 돈이 부족하고, 시간도 충분하지 않기 때문입니다.

경제학 관점에서 돈과 시간은 '자원'으로 표현합니다. 이 현상을 경제학 용어로는 '자원의 희소성'이라고 부르고요. 다시 말해서 돈이나 시간과 같은 자원은 인간의 욕구에 비해 질적으로나 양적으로 부족하다는 뜻입니다.

그래서 경제 활동에서는 끊임없는 선택의 문제가 발생하게 되지요. 내가 가진 한정된 자원으로 가장 큰 만족감을 얻을 수 있도록 선택을 잘 해야 합니다. 그래야 아쉽거나 후회되지 않을 테니까요.

기회비용을 생각해야 하는 이유 ✦

  그렇다면 무언가를 선택할 때의 기준은 '어떤 것을 선택했을 때 덜 아쉬울까' 혹은 '후회하지 않을 선택은 무엇일까'가 되어야 합니다. 예를 들어, 피자와 치킨의 선택 과정에서 피자를 선택했다고 합시다. 근데 그날 배달 온 피자가 하필 토핑 양도 적고, 다 식은 채로 온 거예요. 한입 베어물 때마다 "에이, 치킨 먹을걸" 하는 후회가 밀려옵니다. 피자를 다 먹었는데도 만족스럽지 않습니다. 포기한 치킨이 눈앞에 아른거리네요.

  이때 내가 포기한 것의 가치를 '기회비용'이라고 합니다. 치킨 대신 피자를 선택했을 때 우리는 치킨을 먹을 수 있는 기회를 포기했고, 그 포기한 치킨의 값이 기회비용인 것이지요.

  '내가 선택한 것(피자)'의 가치가 '내가 포기한 것(치킨)'의 가치보다 클 때, 즉 기회비용이 작은 선택을 했을 때 만족스러운 소비가 이루어집니다. 이것을 우리는 '합리적인 선택' 또는 '현명한 소비'라고 부르고요. 그래서 소비를 할 때는 늘 기회비용을 따지는 연습을 해야 해요. 합리적으로 선택하는 능력은 경험이 누적되면서 천천히 길러지기 때문이에요.

  꼭 돈과 직접 연결된 일이 아니라도 아이들이 어릴 때부터 많이 선택할 수 있게 도와주세요. 물론 인생 경험이 많은 엄마는 훨씬 빠르고 현명한 선택을 할 수 있겠지요. 그래도 아이들에게 기회를 주자고요. 당연히 아이들은 엉뚱한 선택을 자주 할 겁니다. 그래도 괜찮아요. 거기서 배우는 게 또 있을 테니까요. 자기만의 기준을 가지고 끊임없이 선택하는 연습을 할 때 우리 아이들은 합리적인 소비의 내공을 차근차근 기르게 될 거라 믿습니다.

오늘 저녁은 피자냐, 치킨이냐?!?
살아가면서 수시로 만나게 되는 선택의 순간,
한정된 자원으로 가장 큰 만족감을 얻을 수 있도록 선택을 잘 해야 합니다.
자기만의 기준으로 끊임없이 선택하는 연습을 할 때
우리 아이들은 합리적인 소비의 내공을 차근차근 기르게 될 거예요.

게임만 하는 아이,
게임도 하는 아이

어휴, 게임이요? 할 말이 정말 많습니다. 어느 집이나 다 그렇죠? 특히 저희 집은 남자아이만 둘을 키우다 보니 매일이 게임과의 전쟁입니다. 요즘 저희 아이들이 열심히 하는 게임은 「로블록스」와 「마인크래프트」인데요. 네모난 블록같이 생긴 캐릭터들이 게임 속을 종횡무진 누비며 미션을 수행하기도 하고, 다른 유저들이랑 대화도 하곤 하더라고요.

어느 날 아이가 '로벅스'로 뭘 사고 싶다는 이야기를 하더라고요. 그게 뭔가 봤더니 「로블록스」 게임 내에서 쓸 수 있는 화폐래요. 그 로벅스로 아이들은 게임 캐릭터 의상도 구매하고 여러 가지 아이템을 업그레이드할 수도 있답니다. 가만히 살펴보니 예전에 저희가 한창 이용했던 싸이월드의 도토리 같은 거더라고요. 너무 '라떼는' 이야기인가요? 하하.

새로운 생산 공간이 된 게임 세상 ✦

　그러던 어느 날 신문에서 신기한 기사를 하나 발견했어요. 구찌와 나이키가 「로블록스」 게임 안에 각각 '나이키랜드'와 '구찌가든'을 개설했다는 거예요. 심지어 구찌가든에서 한정판으로 내놓은 가방이 35만 로벅스에 팔렸대요. 달러로 환산하면 4,100달러! 뉴스가 나온 시점 기준으로 환산하면 우리나라 돈으로 무려 550만 원 정도라고 하네요.

로블록스에 나이키랜드 세운다고?…명품업체들의 변신

(전자신문 2021.11.19) (…) 나이키 또한 로블록스와 손잡고 메타버스 업계에 진출한다. CNBC 등 외신은 18일(현지시각) 나이키가 로블록스에 오리건주 본사를 본 뜬 '나이키랜드'를 구축한다고 보도했다. 나이키랜드는 본사 캠퍼스를 모델로 지어진다. (…)

메타버스 세상에서도 명품 브랜드는 '구찌'

(디지털투데이 2021.05.18) (…) 17일(현지시간) 테크크런치에 따르면, 구찌는 로블록스와 제휴해 로블록스 내부에 '구찌 가든'이라는 가상 공간을 마련했다. 구찌 가든은 2주간 한시적으로 운영되며 구찌 브랜드 홍보와 함께 구찌 브랜드의 한정 게임 아이템을 제공한다. (…)

아니, 실제로 들고 다니지도 못하는 가상의 가방을 대체 왜 사고 파는 거야? 자세히 들여다봤더니, 이 게임은 보통 게임이라기보다는 메타버스(metaverse, 가상현실) 요소를 담은 코딩 게임이더라고요. 이 안에서 유통되는 화폐를 통해 아이템을 구입하고 활용하면서 가상의 나를 꾸며가는 거죠. 이용자가 많다 보니 기업 입장에서는 훌륭한 홍보의 장이 된 겁니다.

근데 재미있게도 기업 브랜드뿐 아니라 일반 이용자들도 직접 맵이나 아이템을 제작하고 판매할 수 있대요. 게임 스튜디오를 통해서 누구나 게임 창작자가 될 수 있는 거죠. 그러고 보니 얼마 전 도서관에서 모집했던 프로그램 중에 '로블록스 창작자 되기'라는 수업이 있던 게 떠오릅니다. 그래서 아이에게 역으로 물어봤어요.

"여기서는 어떤 게 잘 팔려? 너는 어떤 걸 팔아보고 싶어?"

"너도 너만의 맵을 만들어서 친구들을 초대해보면 어때?"

그 뒤로 아이들은 스스로 맵을 만들기 시작했습니다. 기차를 좋아하는 첫째는 광활한 초원에 기찻길을 길게 놓고 중간중간 정거장마다 멋진 건축물이 있는 맵을 만들었어요. 둘째는 본인의 로망인 수영장 딸린 건축물을 엄청 높게 짓고 있더라고요. 그 맵에 실제로 친구들을 초대했는지는 모르겠습니다. 하지만 늘 누군가가 만들어놓은 것만 이용하는 소비자에서 직접 만들어 제공하는 생산자로 생각이 전환된 건 분명한 것 같아요.

메타버스 형태의 게임뿐 아니라 미션을 클리어하고 한 단계 한 단계 레벨업하는 롤플레잉 형태의 게임도 마찬가지입니다. 게임 머니를 충전하면 게임 내에서 캐릭터를 빠르게 성장시키는 무기나 아이템을 살 수 있지요. 그래서 많은 아이들이 세뱃돈 받으면 하고 싶은 것으로 '현질(돈을 내고 게임 아이템을 구입하는 것)'을 꼽을 정도입니다. 이건 어른이라고 다르지 않아요. 한때 게임머니 때문에 생긴 사건들이 뉴스의 사회면에 나올 정도였는 걸요.

아이템 '현질'을 뒤집어 활용하면? ✦

사실 현질이 나쁜 것만은 아닙니다. 어떻게 보면 게임 아이템을 현질하는 것은 돈으로 시간을 사는 개념이기도 하거든요. 원래는 오랜 시간이 걸려야 단계를 뛰어넘을 수 있는데, 게임 아이템을 장착함으로써 빠르게 레벨업 할 수 있으니까요. 그래서 현질은 '선택'의 문제이기도 합니다. 제한된 용돈으로 간식을 먹을 것인가, 아니면 현질을 할 것인가의 선택지 중 하나인 거예요.

아이들이 현질 하고 싶다고 할 때는 무조건 안 된다고 할 게 아니라 객관적으로 생각할 수 있는 질문을 던지고 대화를 나눠보세요. 예를 들어 다음과 같은 것들 말입니다.

"왜 게임 회사들은 아이템을 따로 파는 걸까?"

"네 용돈이라고 해서 마음껏 현질을 해도 괜찮은 걸까?"

게임을 만든 사람들은 어떤 생각으로 아이템을 파는 건지, 용돈은 한정되어 있는데 그걸 게임머니 구입하는 데에 쓰는 게 합리적인 건지 한 번쯤 생각해 보게 해주세요. 소비자 입장에 있는 아이들을 공급자 입장에 서보게 하는 질문이기도 합니다. 아이들은 자기들이 하는 게임에 엄마가 관심을 가져 주는 것만으로도 아마 신이 나서 조잘조잘 이야기할걸요? 한발 더 나아간다면, 현질을 할 돈으로 그 회사의 주식을 사보는 것은 어떤지에 대해 이야기해볼 수도 있겠네요.

'게임만' 하는 아이에서 '게임도' 할 줄 아는 아이로 만드는 것은 엄마가 어떤 질문으로 옆구리를 쿡 찔러주느냐에 달려 있습니다. 아, 여기서 주의할 점! 이런 질문들이 마치 게임을 못 하게 하려는 엄마의 계략처럼 느껴지지 않도록 살살 접근하셔야 해요!

유튜브 구독료가 알려준
'편익'의 가치

이젠 우리 삶에서 빼놓을 수 없게 된 유튜브. 여러분은 유튜브 프리미엄 서비스를 이용하시나요? 유튜브 프리미엄에 가입하면 영상이 시작되기 전에 의무적으로 5초간 봐야 하는 광고를 없애줍니다. 인터넷이 연결되지 않은 곳에서도 미리 기기에 저장해 둔 음악을 들을 수 있고요. 나에게 맞춤형 영상을 더 잘 추천해주는가 하면, 유튜브 뮤직도 무료로 이용할 수 있게 돼요. 얼마나 편한지 모릅니다.

초창기에는 유튜브가 이 프리미엄 서비스를 4개월 정도 무료로 이용할 수 있게 해줬거든요. 그걸 먼저 이용하다가 무료 기간이 끝나자 나도 모르게 유료 구독을 하게 되고, 그렇게 프리미엄 서비스에 스며든 지 벌써 몇 년이 되었네요.

그런데 얼마 전 유튜브 프리미엄 구독료가 대폭 인상되었어요.

무려 40%가 훌쩍 넘는 인상률이었지요. 본래도 한국의 구독료는 다른 나라에 비해 비싼 편이었는데, 이번에는 인상률 자체가 파격적으로 높아서 언론에서도 이래저래 말이 많았답니다.

안 그래도 이것저것 구독하는 서비스가 많아서 비용이 부담되기 시작하던 참이었는데 차라리 잘 되었다 싶더라고요. 이 기회에 유튜브 프리미엄 구독을 끊어버렸습니다. 비용도 비용이지만, 유튜브에 거의 중독 수준으로 빠져있는 아이들을 일부러 불편하게 만들 겸 해서요.

광고가 싫어서 돈을 더 내는 사람들 ✦˖

그런데 막상 프리미엄이 끊기니 후유증이 여간 큰 게 아닙니다. 그동안 보지 않았던 광고가 매번 뜨는데 그 '건너뛰기' 버튼을 기다리는 5초가 어찌나 길게 느껴지던지…. 마음속으로 "5, 4, 3, 2, 1"을 세는 동안 손이 부들부들 떨릴 지경입니다. 불편한 건 아이들도 마찬가지였나 봅니다. 주말 컴퓨터 자유시간을 누리던 둘째가 어느 순간 "어우! 이놈의 광고!" 하며 소리를 지릅니다. 하핫, 너도 그렇구나?

게다가 스마트폰 통신사의 데이터 용량이 넉넉하지 않은 아이들은 음악을 미리 기기에 저장해 두었다가 오며 가며 듣곤 했거든요. 근데 그 기능을 쓸 수 없으니 많이 아쉬웠나 봅니다. 특히 음악 좋아하는 둘째가 더 난리입니다.

둘째 : 엄마, 유튜브 프리미엄 다시 하면 안 돼?

엄마 : 응. 안돼. 이참에 유튜브 좀 줄여보자. 대신 그 시간에 다른 거 하고 놀면 되잖아.

둘째 : 다른 거 하면서 놀 때 유튜브 음악이 배경으로 깔리면 더 좋단 말야. 근데 듣다가 자꾸 광고가 나오니까 불편해. 노래 한 곡에 5초만 해도 열 곡이면 50초인데, 내가 하루에 듣는 음악이 얼마나 많은데! 내 시간이 너무 아까워. 게다가 내가 엄마에게 '일할 때 듣는 힐링 플레이리스트'를 만들어줘야 하는데, 그것도 안 된다고.

엄마 : 응? 네가 나보다 유튜브를 더 알차게 이용하고 있었구나?

묘하게 설득이 되는 건 왜일까요, 하핫. 아마 저도 내심 광고 없는 세상이 그리웠나 봅니다. 하지만 생활비를 줄이겠다며 호기롭게 끊었는데 쉽게 물러설 수는 없지요. 그래서 아이에게 한 가지 제안을 했습니다. 구독료를 너랑 나랑 반반씩 내자고 말입니다.

사실 아이가 포기할 줄 알았어요. 맨날 편의점 가느라 돈이 부족한 녀석이니 유튜브 프리미엄에 일주일치 용돈을 투자하지는 않을 것 같았거든요. 그런데 이게 웬일인가요? 둘째가 흔쾌히 그러겠다며 지갑을 가져옵니다. 그리고 무려 두 달치 돈을 내놓습니다. 우와, 네가 그렇게 좋아하는 편의점보다 유튜브가 더 간절했던 거니?

그렇게 우리는 다시 유튜브 프리미엄의 혜택을 누리게 되었습니다. 덕분에 저도 광고를 보는 답답함에서 숨통이 트이더라고요. 이게 뭐라고, 세상에 평화가 찾아온 느낌입니다. 그날 저녁, 아이에게 물어봤어요.

> 엄마 : 우리는 왜 유튜브 프리미엄을 끊을 수 없었을까?
>
> 둘째 : 이미 우리는 광고 없이 음악 듣고 영상 보는 것에 익숙해져 버렸잖아. 이 편리함을 처음부터 몰랐다면 모를까, 이미 알아버렸는데 끊는 건 잔인한 일이야.
>
> 엄마 : 그러게. 유튜브는 사람들이 불편한 점이 뭔지 귀신같이 잘 파악한 것 같아.
>
> 둘째 : 게다가 요즘은 쇼츠가 유행인데, 넘기다가 광고가 나오면 맥이 끊겨.
>
> 엄마 : 그러게. 우리는 돈을 주고 편리함을 산 셈이네.

유튜브는 사람들이 서비스를 이용하면서 느끼는 불편함을 해결해주고 돈을 법니다. 다른 사람의 불편함을 해결해주고 돈을 번다? 생각해보니 이게 바로 유튜브의 비즈니스 모델 중 하나였네요.

불편함을 해결하면 비즈니스가 된다 ✦

우리는 뭔가를 선택할 때 기회비용과 편익을 비교합니다. 그리고 편익이 더 크다면 그걸 선택하지요. 유튜브가 가격을 인상한 것도 기회비용과 편익 사이에서 사람들이 받아들일 만한 적절한 금액을 설정한 거겠지요. 우리는 인상된 요금을 지불하더라도 편익이 더 크다고 생각한 걸 테고요.

그러고 보면 사업 아이템은 먼 곳에 있지 않은 것 같아요. 여러분이 일상에서 불편함을 느끼는 무언가가 있을까요? 아이가 반복해서 불편하다고 이야기하는 것은요? 만약에 그렇다면, 우리 아이는 창업가의 자질이 있는 걸지도 모릅니다. 그것을 해결할 방법을 아이와 함께 찾아보세요. 아주 작은 아이디어라도 좋습니다. 혹시 아나요? 그 작은 아이디어가 발명으로 이어지고, 창업으로 이어질지요.

얼마 전 책상에 앉아 일을 하고 있었어요. 근데 뭐가 안 풀렸는지 제가 얼굴에 인상을 팍 쓰고 있었나봐요. 그 모습을 본 저희 집 둘째 녀석이 베란다 쪽에서 제 방 창문을 스윽 열더군요. 그리고 태블릿으로 잔잔한 음악을 틀어줍니다. 시원한 바람과 함께 잔잔한 음악이 들려오는 순간 기분이 좋아졌답니다. "고맙다"라고 말하며 미소 지었는데 아이가 말하더군요.

"엄마, 이 곡 찾느라고 힘들었거든. 10분 듣는 데에 500원이야."

순간 빵 터졌습니다. 유튜브 프리미엄을 구독해서라도 만들어야 한다던 '엄마를 위한 힐링 플레이리스트'가 이거였군요! 얘는 기분 전환이 필요한 사람에게 힐링 음악을 틀어주는 창업을 한 거네요. 아이가 스스로 타인이 필요로 하는 것을 찾아냈다는 게 기특했습니다. 덕분에 저는 흔쾌히 500원을 내고 10분의 휴식을 취했답니다.

아이들의 참새방앗간,
편의점에서 배우기

어느 날 동네 편의점에 들렀어요. 계산대 앞으로 가니 사장님이 저를 알아보고 말을 건넵니다.

"어유, 아드님이 어쩜 그렇게 똑똑해요?"

무슨 이야기인가 했더니, 저희 집 둘째가 편의점에 자주 오는데 꼭 '원 플러스 원(1+1)' 제품만 신중하게 고른다는 거예요. 이럴 수가, 안 그래도 맨날 주머니에 웬 과자나 음료수의 잔재들이 두 개씩 쌍으로 들어있나 했더니, 이게 원인이었군요.

편의점은 왜 '원 플러스 원'으로 물건을 팔까

저희 아이처럼 편의점을 참새방앗간처럼 드나드는 아이들이 있습니다. 요즘처럼 편의점이 흔해진 시대에는 어쩔 수 없는 현상인지도 모르겠어요. 하지만 엄마 입장에서는 군것질에 용돈을 대부분 쓴다는 것도, 심지어 원 플러스 원으로 과자와 음료수를 더 많이 먹는다는 것도 썩 내키지 않습니다. 몸에 좋은 음식도 아닌 데다가 군것질을 하면 아무래도 밥을 잘 안 먹게 되니까요.

하지만 엄마가 하루종일 아이를 따라다니며 막을 수는 없잖아요. 어차피 통제 밖이라면 차라리 편의점 라이프에서도 배울 점을 찾는 게 이득이다 싶습니다. 그래서 날 잡고 아이와 함께 편의점에 갔어요. 좋아하는 과자를 고르라고 하니 엄마가 웬일인가 싶어 아이 눈이 휘둥그레집니다.

엄마 : 네가 좋아하는 그 고래 모양 과자는 어느 회사에서 만든 거야?

둘째 : 음, 글쎄?

엄마 : 여기 과자봉지 왼쪽 위에 있는 게 회사 이름이야.

둘째 : 아하, 오리온!

엄마 : 맞아. 우리 오늘은 오리온에서 만든 과자만 사 볼까?

둘째 : 아싸! 그럼 이거랑, 또 이거랑….

과자 사 준다는 엄마의 말에 신이 나서 고르네요. 요놈, 걸려들었구나.

> 엄마 : 그런데 그 과자는 왜 항상 네 눈높이에 딱 맞게 진열되어 있는 걸까?

> 둘째 : 저 위에 있으면 안 보이잖아. 꺼내기도 힘들고.

> 엄마 : 그렇지. 그러면 저 위에 있는 과자들은 왜 위에 있을까?

> 둘째 : 글쎄? 자리 싸움에서 밀렸나? 잘 안 팔려서?

> 엄마 : 맞아. 이 편의점에서 가장 잘 팔리는 과자들이 좋은 자리에 있는 거야. 우리의 눈길이 닿아야 더 잘 팔릴 테니까. 혹은 이렇게 원 플러스 원으로 파는 이벤트 상품들을 좋은 자리에 배열하기도 해. 이건 더 많이 팔려는 마케팅 전략이지.

> 둘째 : 앗! 그리고 보니 이것도 원 플러스 원이네? 아싸!

어휴, 엄마의 말보다는 원 플러스 원 상품에 눈이 팔렸군요. 그렇다면 엄마도 다시 공격이다!

> 엄마 : 네가 좋아하는 과자가 원 플러스 원이라니 잘됐네. 근데 엄마는 좀 아쉽다. 차라리 50% 할인을 해서 반값에 팔면 여러 가지 종류의 과자를 더 다양하게 살 수 있을 텐데, 왜 편의점은 '할인'이 아니라 꼭 '원 플러스 원'으로 판매하는지 모르겠어.

> 둘째 : 그러게? 어떤 건 투 플러스 원(2+1)이야. 같은 과자만 사야 하는

건 별로인데…. 다른 과자 말고 자기네 과자를 더 많이 팔려는 전략인가?

엄마 : 맞아. 과자 회사 입장에서는 많이 팔면 좋으니까. 이윤이 좀 적어지더라도 많이 팔아서 전체 판매 수익을 높이는 거지. 그러면 그만큼 대량으로 생산할 수 있으니까 생산하는 데 들어가는 비용도 줄일 수 있을 테고. 편의점에서도 많이 팔면 대량으로 물건을 들여올 수 있으니 저렴하게 사 올 수 있겠네.

둘째 : 어쨌든 좋아. 과자를 많이 먹을 수 있거든. 으흐흐흐.

엄마 : 그러네. 과자 회사도 좋고, 편의점도 좋고, 너도 좋고…. 이게 무슨 속담이 있었는데…?

둘째 : 누이 좋고 매부 좋고? 님도 보고 뽕도 따고?

엄마 : 음? 그게 맞나…?

여러분도 저녁 식사 후에 아이와 함께 편의점 산책을 가 보세요. 그리고 편의점에서 행복해하는 아이와 이런저런 이야기를 나눠보세요. 무심코 드나들던 편의점이 어느 순간 배울 거리 가득한 경제교실로 바뀔 거예요.

예상하지 못한 궁금증이 생길 수도 있어요. 엄마가 답하기 어려운 질문을 할 수도 있고요. 하지만 걱정하지 마세요. 인터넷에는 우리가 궁금해하는 거의 모든 답이 나와 있답니다. 편의점 관련해서는 『편의점에서 경제도 파나요?』[7]라는 책을 추천합니다. 낯설지 않은 흥미진진한 편의점 이야기에 아이들이 푹 빠져들 겁니다.

조금만 걸어가면 반값인데, 왜 여기서 사? ✦˚

여름이면 하루에도 몇 개씩 먹는 아이스크림! 아이스크림이 작아진 건지 아니면 내 입이 커진 건지, 예전에 비해 크기가 엄청 줄어든 듯한 느낌은 기분 탓인가요? 어쨌든 하나로는 성에 차지 않아서 이번 여름에도 얼마나 많은 아이스크림을 먹었는지 모르겠습니다.

특히 요즘은 무인 아이스크림 가게가 곳곳에 생기면서 편의점과 경쟁을 하고 있지요. 저희 동네에도 지하철이나 버스에서 내려서 걸어오는 길에 무인 아이스크림 가게가 있거든요. 오며 가며 하나씩 사 먹기도 하고, 가족들과 함께 먹으려고 1만 원을 꽉 채워 사 오기도 하면서 냉장고가 빌 틈 없이 사다 날랐네요.

아무리 편의점이 원 플러스 원, 투 플러스 원으로 묶음판매를 해도 가격 측면에서는 무인 아이스크림 가게가 훨씬 저렴합니다.

---

7) 「편의점에서 경제도 파나요?」, 정연숙 글, 고양이다방 그림 / 책읽는 곰, 2023

아마도 인건비를 절약할 수 있기 때문에 가능한 일이겠지요. 게다가 최근에는 아이스크림뿐 아니라 과자도 함께 판매하니 동네 편의점들의 생사가 걱정될 지경입니다.

어느 날 아이가 편의점에서 아이스크림을 물고 나오는 모습을 발견했습니다. 응? 쟤는 왜 저기서 사 먹는 거야? 편의점은 개당 단가가 비싸니까 먹고 싶거든 조금만 더 걸어가서 무인 아이스크림 가게를 이용하라고 일러두었거든요. 똑같은 아이스크림이 무인 아이스크림 가게에서는 600원인데 편의점에서는 두 배인 1,200원이니까요. 이놈이 돈 아까운 줄 모르고? 단단히 교육을 해줘야겠습니다.

엄마 : 둘째야, 저기 무인 가게에서 사면 반값인데 왜 편의점에서 샀어? 거기 가면 같은 가격으로 두 개나 먹을 수 있잖아.

둘째 : 엄마, 잘 들어봐. 당연히 나도 두 개 먹고 싶지. 근데 나는 두 개 먹는 대신 시간을 아낀 거야.

엄마 : 무슨 말이야?

둘째 : 편의점은 태권도 학원에서 1분이면 갈 수 있지만, 무인 가게는 걸어서 7~8분은 가야 하거든. 왕복 15분이라는 시간을 낭비하는 것보다 두 배의 값을 주더라도 편의점에서 사는 게 낫다고 생각해. 내 시간은 소중하니까.

와우! 뭐죠, 이 녀석? 편의점에서 600원이라는 돈을 더 쓰게 되었지만 왕복 15분을 아끼는 게 더 이득이라고 생각했다니…. 15분이라는 시간과 600원의 가치를 저울질해서, 기회비용은 작고 편익은 큰 쪽으로 선택을 했던 겁니다. 만약 아이스크림을 하나가 아니라 열 개를 사려고 했다면 선택이 달라졌겠지요. 600원이 아니라 6,000원과 15분의 가치를 비교했을 테니까요.

훈계하려고 말을 꺼냈는데 할 말이 없어졌습니다. 이 아이가 이걸 알고 있었다니, 소비대마왕이라고만 생각했던 둘째가 다르게 보입니다. 그동안 해왔던 경제교육을 가장한 잔소리의 효과일까요? 뭔 생각을 하며 사나 싶었던 둘째는 나름 현명한 소비자로 자라고 있었네요.

편의점은 태권도 학원에서 1분이면 갈 수 있지만,
무인 가게는 걸어서 7~8분은 가야 하거든.
왕복 15분이라는 시간을 낭비하는 것보다
두 배의 값을 주더라도 편의점에서 사는 게 낫다고 생각해.
내 시간은 소중하니까.

용돈기입장은 왜 써야 하나요

우리가 용돈 교육을 할 때 빼놓을 수 없는 게 용돈기입장이지요. 초등학교에서도 5학년 실과 시간에 용돈 관리 부분을 배우는데, 주요 활동이 용돈기입장 쓰기랍니다. 하지만 아이들은 용돈기입장 쓰기를 정말 귀찮아해요. 실제로 저희 집 둘째는 용돈기입장이 쓰기 싫어서 차라리 용돈을 안 받겠다고 보이콧한 적도 있었다니까요. 하긴, 엄마들도 가계부 쓰는 게 얼마나 귀찮습니까. 아이들 마음이 이해되지 않는 건 아닙니다, 하하.

용돈기입장의 목표는 내가 어디에 돈을 썼나 되돌아보는 것에 있습니다. 내 소비 내역을 기록하는 데에서 그치는 게 아니라, 그 기록을 점검하면서 '이건 잘 쓴 돈, 이건 충동 구매한 돈, 이건 좀 더 아낄 수 있었던 돈' 등 기회비용 측면에서 살펴보는 게 중요하지요. 이건 엄마들의 가계부도 마찬가지랍니다. 엄마는 가계부, 아이들은 용돈기입장을 놓고 함께 마주 앉아 점검해 보세요. 의미 있게 잘 쓴 돈에는 동그라미 표시(○)를, 낭비나 과소비한 돈에는 가위 표시(x)를 해보는 거예요. 체크카드로 용돈을 받는 친구들은 스마트폰 앱에 자동으로 기록된 목록에 따로 메모를 남기면 됩니다.

그다음에는 가위 표시를 한 항목의 비용을 모두 더해 보세요. 이건 뭘까요? 바로 '아낄 수 있었던 돈'입니다. 낭비와 과소비를 했기 때문에 잃어버린 기회비용이지요. 이렇게 하다 보면 자기의 소비패턴을 알게 되고, 자연스럽게 '다음에는 이렇게 해야겠다'라는 생각을 하게 될 겁니다. 이 과정에서 아이들은 스스로 '계획 세우기 → 행동하기 → 복기하기 → 다시 다음번 계획 세우기'의 연습을 하게 될 거고요. 이게 바로 자기주도적으로 삶을 살아가는 것 아니겠습니까. 이렇게 어려서부터 돈 관리를 연습한 아이들이 커서 자기관리도 잘 할 것임은 의심할 여지가 없겠지요?

▌ 용돈기입장 예시

용돈기입장
Pocket money diary

날짜	내용	들어온 돈	나간 돈	남은 돈	(O/X)
	용돈	50000		50000	
	적금		10000	40000	
	아이패드!!		8000	32000	
	그린피스		2000	30000	
	떡볶이		4000	26000	O
	PC방		8000	18000	X
	화장실청소	3000		21000	
	동생과외	5000		26000	
	굿즈		12000	14000	O
	콜팝		5000	9000	X

아낄 수 있었던 돈

| 이번달 남은돈 | _____원 | 저축할 돈 | 4000 원 | (X)를 모두 더한 돈 | |
| | | 다음달에 쓸 돈 | 5000원 | 13000 원 | |

ⓒ 엄마표 경제교실 현대페이

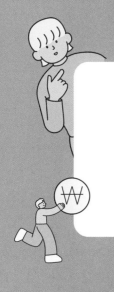

6장

집 밖에서
돈을 벌어 봐요

지금까지 홈 아르바이트를 통해 용돈을 벌었다면 이제는 집 밖으로 나가볼까요? 집안일을 통해 버는 용돈이 소극적인 근로소득이라면, 집 밖으로 나가 좀 더 적극적인 근로소득과 사업소득을 만들어 보는 겁니다. 아직 어린 아이들이 집 밖에서 어떻게 돈을 벌 수 있냐고요? 지금부터 제가 하는 이야기를 들으시면 깜짝 놀라실걸요? 이미 여러분 댁에서도 하는 일들이니까요.

꼬마 농부들의
'체험 삶의 현장'

작년에 저희 친할머니(아이들 증조할머니)가 돌아가신 뒤 할머니가 거주하시던 집과 밭을 저희 친정부모님(아이들 외할아버지와 외할머니)이 관리하게 되셨어요. 평소에 농사와 거리가 먼 삶을 살아오신 두 분이지만 호기롭게 이것저것 농작물을 가꾸기 시작하셨지요. 밭의 규모가 크지 않은 데다가 그동안 할머니 어깨너머로 배운 게 있으니 크게 걱정은 하지 않았습니다. 소소하게 농사지어 식구들 먹을 채소라도 자급자족할 수 있다면 얼마나 좋은가요. 게다가 땅을 밟으며 일하시면 건강도 챙기실 수 있을 것 같았고요.

근데 이게 웬일인가요. 이게 보통 일이 아닙니다. 할 일이 끝이 없어요. 밭 갈고, 씨 뿌리고, 물도 제때 적당히 줘야 하고…. 물을 주고 나면 잡초가 더 빨리 자라요. 이쪽 밭 잡초를 뽑고 나면 저쪽 밭 잡초가 자라 있고, 저쪽 밭 잡초를 뽑고 나면 이쪽 밭 잡초가 자라 있어요. 간신히 잡초와의 전쟁을 끝내고 나면 씨 뿌린 것들이 잘 자랄 수 있게 솎아 줘야 해요. 높이 자라는 식물들은 지지대도 세워 줘야 하고, 새가 쪼아먹진 않는지 관리해 줘야 하고, 물도 제때 적당히 뿌려줘야 하고…. 그 와중에 잡초는 다시 자라 있고요. 세상에 이 많은 일을 연로하신 할머니가 어떻게 혼자 하셨던 건지, 주시는 농작물을 넙죽넙죽 받아오기나 했던 저로서는 상상이 안 갈 지경입니다.

일하지 않는 자 먹지도 말라 ✦*

부모님이 고생하시는 게 안쓰러워 요즘은 저희 부부와 아이들도 시간 나는 대로 가서 일손을 보태고 있어요. 감자도 캐고, 양파도 캐고, 상추도 따고, 고추도 따고, 토란 줄기 껍질도 벗기고…. 아이들이 어느 정도 크니 제법 할 수 있는 일이 많더라고요.

가끔은 남동생네 식구들도 합류하는데, 어느날은 우리 집 아이들 둘이랑 남동생네 아이들 셋, 총 다섯 꼬마가 콩 바구니를 하나씩 끼고 누가 더 많이 까나 시합을 하더라고요. 최신 케이팝을 노동요 삼아 들으며 일하는 아이들의 모습이 제법 어른스러워서 웃음이 났답니다. 그렇게 시간이 흐르면 산더미 같던 콩깍지가 알알이 콩알이 되어서 어느새 지퍼백에 차곡차곡 담기고요.

섭씨 35도가 넘나드는 한여름을 밭에서 지내며 땀을 어찌나 흘렸는지 왠지 얼굴이 쪼글쪼글해진 것 같기도 해요. 하지만 이렇게 땀을 흘린 뒤에는 보상이 있으니, 바로 야외에서 먹는 점심밥! 밭에서 갓 수확한 호박으로 전을 부치고 오이냉국을 만듭니다. 조금 전에 껍질을 벗긴 완두콩을 넣어 밥을 짓고, 지글지글 삼겹살을 구워서 상추와 고추를 함께 먹으면, 캬… 이 맛에 농사짓는구나 싶더라니까요. 평소에 밥을 잘 안 먹던 아이들도 이때만큼은 질세라 입에 음식을 와구와구 구겨 넣습니다.

둘째 : 엄마, 드디어 알겠어.

엄마 : 뭘?

둘째 : '일하지 않은 자 먹지도 말라'라는 말의 뜻 말이야. 일도 열심히 안 한 형아는 이거 먹지 말아야 해.

첫째 : 뭐야? 내가 언제 열심히 안 했다고 그래?

둘째 : 형아는 아까 혼자 안방에 가서 자고 있었잖아!

첫째 : 그건 잠깐 쉰 거지!

엄마 : 아유, 둘 다 열심히 했어. 밥 맛있게 먹자!

처음엔 일하기 싫어서 꾀부리는 게 눈에 보였어요. 하지만 할머니 할아버지가 일하시는 모습을 직접 보고 스스로 농사일에 참여하다 보니 녀석들의 태도가 달라지더라고요.

게다가 힘든데도 아이들이 농사일에 적극적인 데에는 사실 또다른 이유가 있습니다. 일한 만큼 보상을 받을 수 있거든요. 더운 여름에 고생했다며 할머니 할아버지가 용돈을 주시는데, 와우⋯. 이 금액이 꽤 짭짤합니다. 이거야말로 진짜 땀 흘리고 버는 근로 소득 아니겠습니까? 평소 싫어하던 채소와 콩밥을 열심히 먹게 된 건 또 다른 수확입니다.

이웃 아이들에게 일할 기회를 준다면 ✦˚

외국의 경우는 옆집 잔디밭을 깎거나 강아지를 산책시키는 등 아이들도 다양한 아르바이트를 할 수 있는 환경이 갖춰져 있지요. 하지만 우리나라에서는 이렇게 집 밖에서 일하고 돈을 버는 경험을 할 기회가 많지 않습니다. 그래서 저는 뜻을 같이하는 '연대'가 있으면 좋겠다고 늘 생각합니다. 이웃과 함께 주말농장을 운영해도 좋고, 옆집 일을 우리 아이가 도울 수 있는 환경을 만들어 주는 거지요.

옆집의 책장을 주기적으로 정리한다거나 분리수거를 돕는 등 서로의 집에서 아르바이트 거리를 만들어 놓고 아이들에게 '집 밖의 근로소득'을 경험할 기회를 제공해주면 어떨까요? 본격적으로 사회에 나가기 전에 아이들이 세상을 배우는 소중한 경험이 될 겁니다.

외국과 달리 우리나라에서는 집 밖에서 일하고 돈을 버는 경험을 할 기회가 많지 않습니다.
그래서 저는 뜻을 같이하는 '연대'가 있으면 좋겠다고 늘 생각합니다.
이웃과 함께 주말농장을 운영해도 좋고, 옆집 책장을 정리한다거나 분리수거를 돕는 등
옆집 일을 우리 아이가 도울 수 있는 환경을 만들어 주는 거지요.
본격적으로 사회에 나가기 전에 아이들이 세상을 배울 수 있는 소중한 경험이 될 겁니다.

안 쓰는 물건
알뜰장터에서
팔아보기

저희 동네에는 격주 토요일마다 공원에서 알뜰장터가 열립니다. 아이들이 어렸을 때 한번 참가해 봤는데 처음이었지만 꽤 재미있는 경험을 했답니다. 물건을 파는 사람과 사는 사람이 어우러져 북적북적한데 그 장소에 가 있는 것만으로도 흥이 오르더라고요. 한동안 코로나 사태로 인해 알뜰장터 행사가 중단되어서 정말 아쉬웠는데, 이제는 한여름이나 한겨울만 빼고는 자유롭게 열리니 얼마나 다행인지 모릅니다.

알뜰장터의 개구쟁이 삼총사 ✦*

지난해 여름에는 함께 독서모임을 하는 '깨비독' 멤버들과 함께 알뜰장터에 출동했습니다. 가정마다 아이들과 함께 물건을 준비해 왔지요. 더 이상 안 쓰는 장난감, 안 보는 책, 작아진 옷들…. 집에서 필요 없어진 물건을 한데 모아 보니 양이 꽤 많습니다.

물건마다 가격을 정해 왔는데, 가정마다 가격 책정의 기준이 달라서 재미있었습니다. 어떤 집은 보통의 중고 시세와 비슷한 가격을, 어떤 집은 '무조건 싸게' 전략을, 어떤 집은 자신만만하게 높은 가격을 책정했더라고요. 이 가격이 적절한지는 판매를 개시해 보면 알게 되겠지요?

집집마다 돗자리 하나 크기만큼의 자리를 배정받은 후 물건을 진열해 봅니다. 초등 고학년 여자아이는 혼자서도 척척이더라고요. 본격적으로 판매가 시작되기 전에 벌써 물건을 몇 개나 팔았을 정도로 수완이 좋습니다. 반면 개구쟁이 남자아이들 셋으로 이루어진 팀은 뭐 엉망이네요. 물건을 팔러 나온 건지 놀러 나온 건지, 장난치는 데 여념이 없습니다. 그래도 엄마들은 웬만하면 간섭하지 않았어요. 이날 가게 주인은 아이들이니까요. 가게 이름도 직접 정하고, 꼬마 사장님이 되어서 직접 호객도 해보았답니다.

한두 시간 물건을 팔아보니 이제 팔릴 만한 건 다 팔린 것 같아요. 아이들도 몸이 근질근질한가 봅니다. 장사를 마무리하고 본격적으로 공원에 가서 물놀이를 해야겠다네요. 사실 저희 집 둘째는 알뜰장터보다 물놀이에 더 관심이 많았거든요. 집에서 나올 때부터 이미 수영복을 입고 나온 건 안 비밀입니다. 마음이 급해진 아이들, 종이에 뭐라고 적기 시작하더니 외칩니다.

아이① : 여기, 이것 좀 보세요!

아이② : 지금부터 떨이!

아이③ : 부르는 게 값입니다! 원하는 가격에 드립니다!

모두 함께 : 떨이요, 떨이!

떨이라는 말은 어떻게 알았는지, 100원이든 200원이든 원하는 가격에 가져가라고 외칩니다. 심지어는 그냥 막 공짜로 가져가라고 하더라고요. 어차피 우리 집에서는 필요 없는 물건들이니까 괜찮다면서요. 그 말도 맞네요. 이미 우리 집에서는 효용을 다한 물건이니 본전을 생각하기보다는 필요한 사람들에게 가서 더 가치 있게 쓰이는 게 나을 지도요.

장사는 정말 힘들어 ✦˚

이날의 판매실적은 그렇게 높지는 않았습니다. 가져온 물건들이 원체 비싼 것들도 아니었지만, 전략 없이 마구 팔다 보니 '잘' 팔지는 못했더라고요. 일단 신나게 놀고 집에 돌아와서 아이와 이야기를 나눠봤습니다.

> 엄마 : 우리 오늘은 예전에 나와서 팔았을 때보다 판매 금액이 많지 않았잖아. 왜 그랬던 것 같아?
>
> 아이 : 음, 일단 물건이 좀 제대로 된 게 없었어. 자잘한 딱지나 포켓몬 카드 같은 건 이미 유행이 지나기도 했고, 팝잇도 이미 관심에서 멀어졌거든.
>
> 엄마 : 아, 그것들은 이미 유행이 지났구나. 그러면 그런 건 사는 사람이 없는 게 당연했네. 역시 최신 유행템을 팔아야 잘 팔리나 봐.
>
> 아이 : 그리고 사실 내가 의지가 별로 없었어. 너무 덥고, 빨리 물놀이 하러 가고 싶더라고.
>
> 엄마 : 그랬구나. 하긴 적극적인 의지가 있었다면 잘 팔 수 있도록 좀 더 궁리했을 텐데 말야.
>
> 아이 : 장사는 역시 너무 힘든 것 같아.

대충 시간만 때운 것 같은데 아이도 나름 생각을 하고 있었네요. 아무리 중고물건을 거래하는 알뜰장터라고 해도 수요자의 마음을 고려해서 팔 물건을 선정해야 한다는 것. 특히 유행을 타는 아이템은 '때'가 중요하다는 것을 배웠습니다.

또 낱개로 팔아도 잘 팔리는 물건이 있는 반면 세트로 구성해야 더 잘 팔리는 물건도 있잖아요. 포켓몬 카드의 경우 자유롭게 골라가라고 했더니 인기 있는 카드만 쏙쏙 빠지고 그렇지 않은 카드는 끝까지 남았더라고요. 차라리 한 번에 묶어서 저렴하게 판매했더라면 재고 없이 완판되었을지도 모르겠습니다. 아이들 책 같은 경우는 낱권으로 팔기보다 묶음으로 구성할 때 가치가 더 올라갑니다. '6~7세 아이들이 볼 만한 책 10권 세트'처럼이요.

장난감 블록의 경우는 보관하다 보면 먼지가 많이 쌓이지요. 미리 깨끗하게 세척해서 뽀송하게 말린 후 가져가세요. 그리고 팔 때 "지금 당장 사용해도 됩니다"를 강조해 보세요. 핵심은 구매자의 편의성을 높여주기! '어떻게 하면 사 가는 사람의 고민을 덜어줄까? 어떻게 하면 좀 더 편리하게 해 줄까?'에 대해 아이들과 이런저런 아이디어를 나누어 보세요. 그러다 보면 소비자가 아닌 공급자의 마인드로 생각하는 연습이 절로 될 겁니다.

어쨌거나 이날 하루 물건을 팔아서 번 1만 원 남짓의 돈은 꼬마 사장님의 몫이 되었답니다. 긴 시간 땡볕에서 시간을 보낸 것 치고는 크지 않은 금액입니다. 하지만 참여하지 않았다면 아예 없었을 소득이니 도전해 볼 만한 일인 것 같아요.

장사는 사업소득과 근로소득의 중간쯤에 위치해 있지요. 알뜰장터는 아이들에게 집 밖에서 다른 사람을 대상으로 돈을 버는 경험을 할 수 있는 아주 생생한 기회랍니다. 어쩌면 아이의 몰랐던 모습을 발견하게 될지도 몰라요. 마케팅의 중요성과 사람들의 심리를 활용하는 법, 자원의 순환까지도 배울 수 있는 좋은 기회이니 집 근처에서 장터가 열린다면 꼭 참여해 보세요. 집이 깨끗해지는 건 덤이랍니다.

아이가
직접 해보는
온라인 중고거래

　이놈의 물건들은 비워도 비워도 왜 계속 늘어나는 걸까요. 특히 저희 집은 책을 빌리기보다는 구매해서 읽는 편이라 책들이 계속 쌓입니다. 공간은 한정되어 있으니 버티고 버티다가도 결국 비워야 할 때가 오지요. 오프라인 벼룩시장이 열리던 때에는 종종 한 번씩 내다 팔곤 했는데, 코로나 사태로 행사가 모두 취소되었을 때는 방법이 없더라고요. 책은 중고서점에 가져가서 팔면 되지만, 무거운 책을 들고 서점까지 가는 건 힘들 뿐더러 사실 중고서점에서는 균일가로 매입하는 경우가 많아서 제값을 못 받더라고요.

　그래서 온라인을 적극적으로 활용하기 시작했습니다. 중고나라, 번개장터 같은 중고물건 중개 사이트부터 내가 사는 지역을 중심으로 거래를 연결해주는 당근마켓까지, 요즘은 편리하게 물건을 사고팔 수 있는 플랫폼이 많습니다.

네가 직접 '당근' 해볼래? ⭐

  팔 물건을 추리고, 팔릴 만한 수준으로 물건을 손본 뒤 사진을 찍었습니다. 이건 이렇게 저렇게 사용하는 물건이라며 설명글도 써 보고요. 근데 하다 보니 꽤나 힘듭니다. 보이지 않는 누군가에게 마케팅 메시지를 전한다는 게 생각보다 어렵더라고요. 이 어려운 걸 왜 나만 해야 하나 억울해지기 시작하네요? 그래서 할 일 없이 놀고 있는 둘째를 불렀어요. 엄마 혼자 힘들 순 없다!

> 엄마 : 요즘은 공원에서 알뜰장터가 안 열리잖아. 그래서 인터넷으로 네 책이랑 장난감들을 좀 팔아보면 어떨까 해. 네가 쓰던 물건은 네가 제일 잘 아니까 한번 네가 인터넷에 올려볼래? 이렇게 판 돈은 네 용돈으로 줄게.
>
> 둘째 : 내가 직접? 사진도 찍고?
>
> 엄마 : 응, 설명글도 써 보고. 근데 글 쓰는 게 어려우면 사용하는 방법을 동영상으로 찍어도 좋아. 장난감은 동영상으로 보여주는 게 오히려 잘 전달될 수 있을 것 같아.
>
> 둘째 : 해보지 뭐.

  아싸, 걸려들었네요. 일단 아이의 책을 한번 올려보기로 했어요. 초등 저학년 권장도서들인데 중고서점이 매입해 주지 않은 책이었거든요. 둘째는 쩍벌다리를 하곤 요리조리 사진을 열심히 찍더니 후두둑 스마트폰으로 타자를 치네요.

○○주니어 시리즈.

2·3·4학년 추천.

아홉 권 다 합해서 7,000원.

보는 데 지장 없음.

조금 색 바램.

환불은 ×.

응? 이렇게 거침없이 올리다니 너무한 거 아닌가? 사진에는 형광등 빛이 다 반사되고, 심지어 어떤 사진은 옆으로 돌아간 것도 있더라고요. 정성이 하나도 들어가 있지 않은데 이게 팔리겠나 싶습니다. 근데 몇 분 지나지 않아 놀라운 일이 벌어졌어요.

"책 거래 가능할까요? 지하철역에서 만나면 좋겠어요"

둘째 : 엄마! 팔렸다! 대박! 지하철역에서 만나재.

엄마 : 세상에, 너 정말 대박이다. 운이 좋은걸?

둘째 : 운이 좋은 게 아니라, 이런 게 실력이지, 우훗.

처음으로 당근에서 물건 팔기에 성공한 아이는 신이 났네요. 만

나기로 한 시간에 맞춰 같이 집을 나섰습니다. 다른 책도 한두 권 더 서비스로 넣었어요. 아이가 직접 거래하기로 하고, 저는 뒤에서 지켜보기로 했습니다.

> 엄마 : 상대방을 만나면 먼저 이 물건 사기로 한 분이 맞는지 확인을 해야 해. 그리고 봉투를 보여주며 물건 상태를 직접 확인하시라고 하고, 돈을 받으면 액수가 맞나 빠르게 확인하고…. 마지막엔 인사도 잘 해야 해.
>
> 둘째 : 떨린다, 으흐흐.

저 역시 떨리는 마음으로 한 발짝 뒤에 떨어져 지켜보는데, 의외로 잘 하더라고요. "안녕히 가세요!"라고 꾸벅 인사를 하고 뒤돌아 뛰어오는 얼굴에 미소가 한 가득입니다. 이렇게 용돈 버는 기술을 하나 더 장착했다는 자신감이 담긴 미소네요.

낯선 어른을 상대하는 조심스러운 경험 ✦˚

요즘 아이들은 초등 고학년만 되어도 중고거래에 관심이 많습니다. 고가 물건의 경우에는 특히 중고거래가 활성화되어 있지요.

가까운 친구들 간에 거래하는 건 큰 문제 없겠지만, 전혀 모르는 사람을 인터넷에서 만나는 일이 많다 보니 부모님들은 아이들의 중고거래를 허용해줘야 하나 걱정을 많이 하십니다. 그래서 저는 이것 역시 부모님들의 보호 아래에 있을 때 안전하게 연습해야 한다고 생각합니다.

어떤 물건을 팔지, 어떻게 물건의 가치를 높일지 아이디어를 모아보세요. 사진을 예쁘게 찍게 하고, 직접 설명글도 써보게 합니다. 동영상을 활용해서 직접 사용하는 방법을 설명해주는 것도 좋아요. 요즘 아이들은 스마트폰 사용에 매우 익숙하잖아요. 처음에 엄마가 조금만 도와주면 충분히 잘 해낼 겁니다. 구매자에게 물건을 전달하는 방법도 함께 논의합니다. 만날 때는 가급적 사람들이 많이 오가는 곳을 장소로 정하고, 부모님이 같이 가시되 멀리서 지켜봐 주세요.

엄마 아빠 외에 다른 어른들을 성공적으로 상대하는 경험. 이 경험이 우리 아이들에게는 큰 자신감을 불러일으킬 겁니다. 그러려면 모든 과정이 아이 주도로 이루어져야겠지요. 이렇게 중고거래를 통해 번 돈을 어떻게 쓸지 결정하는 것도 아이의 몫입니다. 우리 아이의 소중한 사업소득이니까요.

아, 하나 빠뜨린 이야기가 있네요. 자신감이 붙은 둘째가 집에 돌아와서는 이번엔 자기가 직접 그린 그림을 팔겠다며 뭔가를 또

올렸습니다. 며칠 전 보드마카로 끼적이던 그림이네요. 웬 점을 잔뜩 찍어놓았길래 이게 뭔가 했더니, 제목이 「현대인의 별들」이 래요. 그림 설명이 거창합니다. 가격은 2,500원. 과연 이 그림은 팔릴까요?

작품명 「현대인의 별들」.
공룡대마왕의 인생 역작입니다.

주식회사
'공룡이네 솜사탕'
창업 이야기

"엄마! 솜사탕 기계 사 주세요!"

둘째가 초등 3학년이던 어느 날이었어요. 엄마 뒤를 졸졸 따라 다니며 '솜사탕 기계' 노래를 부릅니다. 갑자기 웬 뚱딴지같은 말 인가 했더니 어떤 영상에서 그 기계로 직접 솜사탕 만드는 걸 봤 다네요. 돈 버는 법에 관심이 많은 녀석이라 틈만 나면 다양한 아 이디어를 내는데 거기에 솜사탕 사업이 추가된 모양입니다.

집에서 솜사탕을 만들 수 있다는 생각은 해본 적이 없는지라 저 도 호기심이 생겼습니다. 검색을 해보니 다양한 기계가 있네요. 장난감처럼 생긴 것부터 놀이공원에서 장사하는 분들이 사용하는 전문적인 기계까지, 크기도 가격도 천차만별입니다. 해외 구매대 행 제품은 2만 원 안쪽이지만 곧바로 배송받을 수 있는 가정용 제 품은 7만 원 가까이 하더라고요. 가격을 알아본 둘째가 결심한 듯

한 가지 제안을 합니다.

"엄마가 솜사탕 기곗값 절반을 보태주면, 나중에 솜사탕을 팔아서 번 돈의 절반을 엄마에게 나눠 줄게!"

오호, 이 녀석. 지금 투자 유치를 하는 건가요? 지분에 따라 수익을 배당해 주겠다니요. 기특한 마음에 이왕이면 제대로 사업 연습을 시켜볼까 하는 생각이 듭니다. 그래서 한 가지 조건을 걸었어요.

"사업계획서를 써 볼래? 그걸 보고 투자할지 말지 결정할게."

거실에서 개최된 투자 설명회 ✦*

그날 저녁 집에 돌아와 보니 둘째가 칠판에 뭔가를 깨알같이 적어 놓았습니다. 맞춤법도 다 틀린 채 엉망진창으로 써놓은 문장들이 빼곡합니다. 하지만 하루 종일 고민하며 썼을 둘째를 생각하니 꼼꼼히 읽어야겠더라고요.

"저 윤○○은 계획도 짜고 실천하고 있습니다"

계획은 이러습니다. 처음 오면 50% 세일을 하고 소, 중, 대로 나누고 각각 소는 1000원, 중은 3000원, 대는 5000원. 당골은 10% 세일에다가 일정은 화·목·토요일로 하고 나머지는 안 합니다. 전단지도 만들고 인테리어도 하려고 노력하고 여기에 투자해주신다면 돈에 50%를 주겠습니다. 저는 사업도 해보고, 그런 태도로 계획을 짜습니다. 저한테 투자할 겁니까?

그 아래에는 '몇 원에 주식 살 거예요?'라고 매수가(투자금) 적는 난도 있고, '인기표'라는 이름으로 주식 차트 비슷한 것도 그려 놓았더라고요. "미래는 성장할 거예요"라는 깨알 어필까지! 아이는 한없이 진지한데, 보고 있는 엄마는 너무 웃깁니다.

하지만 사업계획서라기에는 빈 구멍이 많네요. 기계만 있다고 되는 게 아닌데 말입니다. 총 자본금은 얼마가 필요하고, 마케팅은 누구에게 어떤 식으로 할 건지, 어디에서 팔 건지 구체적인 방안이 부족하니 다시 써오라고 돌려보냈습니다.

다음 날, 아이는 솜사탕을 만들 재료와 판매 도구를 조사해서 사업계획서에 추가했습니다. 그리고 집에 있던 책을 뒤져 '주식을 발행하는 법'에 대해 공부하기 시작하더라고요. 주식은 영수증 같은 거라 얼마를 투자했는지 적어주면 되는 거라네요. 그래야 투자자들이 안심할 거라면서요. 그러더니 아직 기계도 안 샀는데 택배 상자로 돈 받을 통을 만듭니다. 어머, 이 녀석, 솜사탕 사업에 진심이었군요?

"
공룡이네 솜사탕 가게에 투자해주신다면
번 돈의 50%를 주겠습니다.
저는 사업도 해보고,
그런 태도로 계획을 짰습니다.
저한테 투자할 겁니까? "

투자자 보호까지 생각한 준비된 사장님 ✦✦

　주말에는 투자자를 더 모집하기 위해 할아버지 댁에 방문했습니다. 할머니 할아버지에게 대략적인 솜사탕 사업 개요를 브리핑하고 질의응답 시간을 가졌지요. 그리고 할머니 할아버지에게 투자금을 따내는 데에 성공했습니다. 할머니 할아버지야 뭐 손주가 하겠다고 하니 무조건 지원 팍팍입니다.

　엄마, 할머니, 할아버지로부터 투자금을 유치한 녀석은 본격적으로 재료를 주문하기 시작했어요. 마침 중고마켓에 솜사탕 기계가 나온 게 있더라고요. 가까운 곳이길래 당장 가서 사 왔습니다. 그리고 설탕과 나무젓가락까지 인터넷으로 주문 완료! 그러더니 갑자기 집 안 청소를 열심히 하기 시작하더군요.

엄마 : 무슨 일이야? 웬일로 이렇게 청소를 열심히 해?

둘째 : 용돈을 많이 벌어 놔야 돼.

엄마 : 왜? 솜사탕 팔아서 벌면 되잖아.

둘째 : 사업이 망할지도 모르잖아. 혹시 망할 수도 있으니까 그때를 대비해서 돈을 쌓아둬야지. 그래야 투자자들에게 돌려줄 수 있어. 투자자는 보호해야 하니까.

어머나, 세상에… 저 진심 감동했잖아요. 망할 때를 대비하여 투자자 보호책을 마련하고 있었던 거군요. 준비된 사장님이라며 엄지 척 치켜세워주고 있었는데, 아이가 손을 스윽 내밉니다.

"설거지 500원, 집안 정리 200원, 청소기 300원, 걸레질 300원 해서 총 1,300원입니다."

음, 뭐죠? 갑자기 낚인 느낌이 드는 건 기분 탓일까요? 어쨌든 이왕 시작했으니 녀석의 사업이 성공하길 응원해야겠습니다. 그래야 저도 투자금을 회수할 수 있을 테니까요.

엄마,
사업은 아무나
하는 게 아니야

드디어 솜사탕을 만들 재료들이 준비되었습니다. 기계도 재료도 구비 완료! 이제는 열심히 솜사탕 만드는 기술을 익힐 차례입니다. 기계를 예열하고, 뜨거운 기운이 느껴지면 설탕을 한 숟가락 넣어요. 설탕이 녹기 시작하면서 하얀색 실 같은 게 올라오는데 그걸 나무젓가락에 돌돌 말아 모양을 만듭니다. 실이 만들어지는 속도에 맞춰 나무젓가락을 돌리며 동그란 모양을 잘 잡아주는 게 포인트! 근데 이게 생각보다 잘 되지는 않더라고요. 실패하기를 몇 번, 드디어 어떻게 해야 하는지 감을 잡았습니다.

하지만 고민이 생겼어요. 마련한 기계가 가정용이다 보니 아무래도 놀이공원에서 파는 것처럼 크게 만들어지지는 않더라고요. 소·중·대 크기별로 가격을 차등하려고 했는데 아무리 크게 만들어봐야 '중' 사이즈도 안 되는 것 같습니다. 게다가 실을 뽑는 과정에서 가루들이 미세하게 날리는지 방바닥이 끈적이는 대참사가 벌어지더라고요.

크기는 '소' 사이즈로만 팔면 되고, 바닥이 끈적이는 문제는 신문지를 깔면 되는데, 더 큰 문제가 생겼습니다. 솜사탕은 사실 직접 만들어지는 과정을 구경하는 재미가 크잖아요? '우와~' 하고 구경하면서 "엄마, 나도 사 줘" 하는 맛이지요. 우리도 그 구경거리를 만들려면 밖에서 만들어야 하는데, 문제는 밖에서 전기를 쓸 수가 없다는 거였습니다. 놀이공원 솜사탕 장수들은 LPG 가스통을 연결해서 기계를 돌리지만 우리는 전기를 꽂아 돌리는 가정용 기계였으니까요. 관리사무소에 이야기해서 전선을 길게 뽑아 놀이터 앞까지 가져가는 것도 생각해 봤지만, 그러면 공용전기를 쓰는 거라서 주민들의 동의를 받아야 할 수도 있습니다. 아무래도 거기까지는 초등학생이 쉽게 도전할 수 없는 일이더라고요.

솜사탕 판매 첫날부터 난관에 부딪히다 ✦

판매 계획을 수정해야 했습니다. 아이들이 모이는 놀이터 현장에서 만들 수 없다면 결국은 선주문을 받아 배달하는 수밖에요. 그래서 일단 샘플 솜사탕을 몇 개 만들어 놀이터로 가지고 나갔어요. 놀이터에 있는 친구들에게 하나씩 나눠주고 본격적으로 주문을 받아볼 심산입니다.

둘째 : 엄마, 친구들이 맛있대!

엄마 : 그래? 다행이다. 주문도 하겠대?

둘째 : 아니, 돈이 없대.

엄마 : 에구, 아쉽다. 하긴 초등학생들이 솜사탕 사 먹을 돈이 넉넉하진 않겠지.

둘째 : 그래도 하나 팔았어! '소' 하나에 1,000원인데 처음 사면 50% 하기로 했으니까 500원이야. 얼른 만들어야지!

열심히 기계를 돌려 하나 만들더니 비닐을 씌워 들고 놀이터로 달려갑니다. 그리고 잠시 뒤 상기된 얼굴로 돌아오며 외치네요.

"엄마, 두 개 더!"

오…, 드디어 공룡이네 솜사탕 가게가 입소문을 타기 시작한 걸까요? 누가 샀는지 모르겠지만 이게 팔리다니 신기하네요. 그렇게 장사 첫날 매상은 500원씩 세 개를 팔아 총 1,500원을 기록했습니다. 첫날 장사를 마치고 잠자리에 들며 꼬마 사업가님과 이야기를 나눠봅니다.

엄마 : 오늘 솜사탕 팔아보니 어땠어? 이걸로 돈 벌 수 있을 것 같아?

둘째 : 아니. 더는 못할 것 같아.

엄마 : 뭐? 하루 하고 포기하는 거야? 왜?

둘째 : 우리 집에서 놀이터까지 너무 멀어서 왔다갔다 하는 게 힘들어. 그리고 친구들은 놀고 있는데 나는 솜사탕 만들고 배달하느라 놀지도 못하잖아.

엄마 : 사업이 원래 그런 거지. 남들 놀 때 나도 같이 놀면 돈을 어떻게 벌어.

둘째 : 그리고 내가 오늘 '소' 크기의 솜사탕을 500원에 팔았잖아. 근데 애들이 너무 작대. 내가 만들 수 있는 최대 크기인데, 구겨서 한입에 넣어버리니까 양이 적게 느껴지나 봐. 그에 비해서 500원이라는 가격은 좀 비싸고.

엄마 : 그랬구나. 더 크게 만들기는 어려운데, 그치?

둘째 : 응. 그렇다고 가격을 내릴 수는 없어. 하나 만드는 데에 5분쯤 걸리는데 500원보다 더 싸게 팔면 안 되지. 거기다가 나는 수익이 나면 투자자들에게 절반을 줘야 하는데, 솜사탕 만드는 것보다 집안일 해서 돈 버는 게 더 낫겠어.

하하, 이 녀석, 하루 만에 사업의 본질을 깨달았네요. 남들에게 돈을 받고 물건을 판다는 게 얼마나 어려운 일인지, 가격 책정이나 수익 배분은 어떻게 해야 의미 있는 수익을 남길 수 있을지, 게다가 자신의 입장에서 솜사탕을 팔아 버는 돈(사업소득)과 집안일을 해서 버는 돈(근로소득) 중에 어떤 게 더 효율적인지까지도요. 초등학교 3학년에게 현실의 벽은 높았나 봅니다. 사실 저도 친구들에게 돈을 받고 먹거리를 판다는 게 조금 꺼려져서 걱정이었는데, 차라리 잘 되었다는 생각도 들었습니다.

하루짜리 사업으로 깨달은 것들 ✦*

그렇게 공룡이네 솜사탕 가게는 하루 만에 문을 닫았습니다. 기계와 재료가 그대로 남아버렸네요. 워낙 솜사탕을 좋아하는 녀석이라 그 이후에는 본인이 먹을 용도의 솜사탕을 종종 직접 만들어 먹곤 한답니다.

아, 투자금은 어떻게 되었냐고요? 솜사탕 세 개를 팔아 번 돈 1,500원과 재료를 사고 남은 돈, 그리고 집안일을 해서 번 돈을 합쳐서 할머니 할아버지에게 돌려드리기로 했어요. 물론 받지 않으셨지만요.

비록 하루짜리 사업이었지만, 그 뒤로 둘째는 제 사업 고민을 나누는 파트너가 되었어요. 저도 개인사업자로 활동하면서 여러 가지 고민이 종종 생기거든요. 혼자 고민하다가 답이 안 나올 땐 종종 둘째에게 고민을 털어놓는데, 아이의 눈높이에서 툭툭 던져

주는 이야기에서 해결의 실마리를 얻을 때가 있더라고요. 그리고 그럴 때마다 둘째가 저에게 하는 말이 하나 생겼습니다.

"엄마, 그러니까 사업은 아무나 하는 게 아니야."

5단계 #2

친구들한테 팔아야지~

솜사탕 사업은
성공할 수 있을까?

공룡대마왕의 솜사탕 사업 이야기를
영상으로 만나보세요

중학생 큰아들이
뷔페를 쏜 사연

첫째 : 엄마, 내가 엄마 아빠 결혼기념일에 뷔페 쏠까?

엄마 : 뭐? 뷔페? 웬일이야? 꽤 비쌀 텐데?

첫째 : 훗, 내가 그 정도 돈은 준비해 뒀지. 엄마 아빠 선물로 쏠게!

세상에, 해가 서쪽에서 뜨려나요? 살다 보니 이런 일도 있네요. 일본으로 기차여행 가야 한다고 열심히 모으기만 하던 아이가 웬일로 돈을 쓴다고 하는지 어리둥절합니다. 뭐 어쨌거나 말 바뀌기 전에 '오케이'를 외쳤습니다. 덕분에 오랜만에 뷔페 행이네요. 배를 최대한 비우고, 뷔페 오픈런에 동참해 봅니다.

"성인 셋, 초등학생 한 명이요!"

첫째가 카운터 앞에서 당당하게 말하곤 지갑을 엽니다. 캬~ 엄마 아빠 결혼기념일에 뷔페에서 식대 계산하는 큰아들의 모습이라니 '간지 작렬'입니다. 박수가 절로 나오더라고요. 그런데 자세히 보니 아이가 꺼낸 건 돈이 아니라 문화상품권이네요. 뭐지? 아, 그때 그거구나!

재능도 발휘하고, 용돈도 벌고 ✨

몇 년 전 어느 날 시아버님에게 전화가 왔습니다. 이북5도위원회에서 주최하는 '차세대 이북도민 청소년 통일 글짓기·그림 그리기 대회'에 아이들이 참여해보면 어떻겠냐고요. 그게 뭔가 찾아봤더니 고향이 이북인 분들의 손·자녀들이 참여하는 대회더라고요. 매년 1~2회씩 열린대요.

저희 시할아버지는 전쟁 때 이북 황해도에서 내려오셨거든요. 그렇게 충청남도 서산·대산 지역에 정착해서 무(無)에서 유(有)를 일궈 나가셨지요. 이렇게 고향은 이북이지만 남한에 내려와 정착한 분들을 '이북도민'이라고 부릅니다. 그리고 우리가 잘 몰라서 그렇지, 실제로 우리나라에는 행정안전부 산하에 경기도청이나 충남도청 같은 '이북5도청'이 있고, 여기에는 황해도·함경남도·함경북도·평안남도·평안북도가 포함됩니다. 심지어 이북5도를 대표하는 도지사도 존재하고 있답니다.

첫째 : 뭐라고? 우리나라에 황해도 후계자가 있다고?

둘째 : 그게 우리들이라고?

엄마 : 응. 그러게 말야. 엄마도 도지사가 있다는 건 처음 알았어. 너희들 대회에 한번 참여해 볼래?

아이들 : 당연하지! 참가만 해도 상을 준다는데!

주제는 '통일'입니다. 통일의 염원이 담긴 내용이라면 어떤 것이든 괜찮대요. 고민 끝에 첫째와 둘째 모두 그림으로 도전하기로 했습니다. 코로나19가 한창이던 시기라 직접 행사장에 가지 않고 집에서 작품을 만들어 우편으로 발송했습니다. 처음 참여해보는 거라 큰 기대는 없었어요. 참가상만 받아도 이득이라는 생각이었지요.

첫째는 기차 마니아답게 열차가 대한민국 지도를 관통하여 시베리아까지 가는 그림을, 둘째는 남과 북의 국기 모양을 활용하여 '통일'을 형상화한 그림을 그렸습니다. 하지만 그 열정이 안타까울 정도로, 그림을 잘 모르는 제가 봐도 작품성은 좀 부족하더라고요, 하하….

얼마 뒤 집으로 택배가 도착했습니다. 참가상이었어요. 선풍기, 색연필 등 아이들이 좋아할 만한 선물이 가득 들었네요. 두 명을 위한 선물이라 풍성합니다. 비록 입상은 하지 못했지만 참가상만으로도 기분이 찢어집니다.

선물의 맛을 본 아이들은 그 뒤로 매년 대회가 열릴 때마다 참여하고 있답니다. 글과 그림을 번갈아 가며 출품하고 있는데, 어쨌거나 해가 갈수록 아이들의 솜씨가 늘어나는 게 눈에 보입니다. 그만큼 아이들도 성장하기 때문이겠지요. 그러더니 결국 재작년에는 둘째가 황해도 어린이 그림 대회에서 '대상'을, 작년에는 첫째가 이북5도 청소년 글짓기 대회에서 '동상'을 받게 되었습니다.

그 뒤로도 두 아이는 몇 번 더 상을 받았어요. 아무리 생각해도 참가자가 많지 않아서 가능한 것 아닌가 싶지만, 어찌 되었든 상금과 상품을 푸짐하게 받은 아이들은 입이 찢어졌습니다. 황해도 중앙도민회 부회장직을 맡고 계신 애들 할아버지의 어깨도 하늘 높이 올라가셨으니 모두에게 좋은 일이네요. 첫째는 이렇게 받은 문화상품권을 모아서 이번에 온 가족에게 뷔페를 쏜 겁니다.

필요한 물건을 살 수도, 게임 현질을 할 수도, 혹은 마음만 먹으면 현금으로 바꿀 수도 있는 상품권인데 기꺼이 가족을 위해 쓰다니 정말 기특하더라고요. 돈 귀한 줄 모르던 어린 시절을 거쳐, 경제교육을 시작하면서는 오히려 돈을 너무 안 쓰는 짠돌이가 되어서 걱정이었거든요. 근데 써야 할 때는 또 이렇게 가치 있게 돈을 쓸 줄 아는 아이로 자라고 있었네요. 첫째 본인의 얼굴에도 자부심이 한가득입니다.

첫째 : 엄마, 올해 대회는 언제까지라고 했지?

엄마 : 이달 말까지 우편으로 보내는 거래.

첫째 : 좋아. 이번에도 내가 꼭 상 탄다!

엄마 : 멋지다! 엄마도 응원할게!

다양한 대외활동이 아이의 꿈을 키운다 ✦★

요즘은 이렇게 아이들이 참여할 수 있는 활동이 정말 많습니다. 지자체나 공공기관은 물론 사기업에서도 수많은 공모전과 대회를 열지요. 그림을 잘 그리는 친구들은 그림 대회에, 영상 찍는 걸 좋아하는 친구들은 영화 공모전에, 글을 잘 쓰는 친구들은 글짓기 대회에 나갈 수 있습니다. 아이디어가 반짝이는 아이라면 아이디어 경진대회에 출품할 수도 있고요.

아이들의 재능을 세상을 향해 내보내 보세요. 세상에서 인정받은 아이의 재능은 상장과 상품 그리고 자부심으로 바뀌어 돌아옵니다. 내 재능을 돈으로 바꾸는 경험, 어릴 적에 이런 경험을 해본 아이들은 자신이 가진 재능을 더 자신 있게 갈고 닦게 될 겁니다. 엄마들이 해야 할 일은 부지런히 검색을 해서 아이들에게 기회를 알려주는 것!

　입상하지 못해도 괜찮습니다. 그 과정에서 실력이 다듬어질 테고, 그 과정은 온전히 우리 아이들의 포트폴리오로 남을 테니까요. 아이들이 할 수 있는 다양한 대외 경제 활동을 검색하는 곳은 다음 페이지에 담아둘게요.

아이들의 재능을 세상을 향해 내보내 보세요.
내 재능을 세상으로부터 인정받고 돈으로 바꾸는 경험,
어릴 적에 이런 경험을 해본 아이들은 내가 가진 재능을
더 자신 있게 갈고 닦게 될 겁니다.

아이들이 재능을 펼칠 만한 대외활동들

청소년 참여기구 활동

전국 혹은 지역 단위로 청소년들의 활동을 지원하는 다양한 기관이 있답니다. 지역마다 이름은 다르지만 대부분 교육청이나 지자체 홈페이지에서 찾아볼 수 있어요. 청소년들이 주체가 되어 도정·시정에 참여할 수도 있고, 지자체의 발전을 위해 다양한 아이디어를 내기도 합니다. 활동자로 선정되면 활동확인서가 발급되고, 활동 우수자는 포상도 받을 수 있어요.

▼ 청소년활동진흥원

▼ 청소년 참여포털

어린이·청소년 기자단 활동

어린이 신문을 따로 제작하고 있는 언론사에서는 어린이·청소년 기자단을 모집합니다. 기자로 선정되면 이후 다양한 취재 활동과 글쓰기 활동에 참여할 수 있답니다. 신문에 내 얼굴과 함께 기사가 실리는 짜릿한 경험도 할 수 있고요.

지자체나 교육청 차원에서도 청소년 기자단을 모집합니다. 보통 1년간 활동하며, 연초인 1~3월경에 모집하더라고요. 선정되면 지역 곳곳에서 취재 활동을 하고, 기관에서 발행하는 신문이나 잡지에 기사가 실리게 된답니다. 거주하고 있는 지역의 지자체 또는 교육청 홈페이지나 SNS를 잘 살펴보세요.

▼ 한경주니어 생글생글 기자단   ▼ 동아 어린이 기자단   ▼ 경기도 꿈나무 기자단

▼ 내친구 서울 어린이 기자   ▼ 부산시 SNS 어린이 기자단   ▼ 대구 어린이 기자클럽

각종 공모전 및 대외활동 참여

하루에도 수많은 공모전과 대외활동 정보들이 올라오는 사이트를 소개합니다. 위에서 살펴본 활동을 포함하여 사기업들이 주최하는 다양한 활동 정보까지 모두 모이는 곳이기 때문에 아래 두 곳만 살펴봐도 웬만한 정보는 놓치지 않을 수 있어요.

▼ 올콘   ▼ 위비티

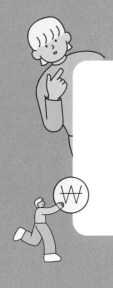

7장

돈이 돈을 버는
원리를 배워요

근로소득과 사업소득을 통해 돈을 벌고, 저금통 쪼개기를 통해 돈을 모으고, 기회소득을 고려해서 돈을 쓰는 방법도 익혔으니 이제 본격적으로 경제적 자유를 향한 첫발을 내디뎌 봅시다. 돈이 돈을 벌어오는 '자본소득' 이야기를 시작합니다.

라면 공장 영상에서 배운 주식회사의 개념

유튜브에서 먹방 영상을 보다가 알고리즘에 라면을 만드는 공장 영상이 하나 떴습니다.[8] 저희 집 아이들도 즐겨 먹는 브랜드 라면의 공장이래요. "우와, 정말 신기하다" 하며 보고 있으니 아이들도 옆에 와서 기웃거립니다.

커다란 기계, 거기서 일하는 수많은 사람들, 재료들이 배합되고 검수 과정을 거쳐 완제품이 되는 모습까지, 어른이 봐도 눈이 휘둥그레질 정도로 신기하더군요. 이 모든 게 다 자동으로 돌아가니 기술의 발전은 어디까지일까 놀랍습니다. 근데 아이들은 의외의 포인트에 꽂히더라고요?

"아, 저기 떨어지는 라면 부스러기 주워 먹고 싶다!"

그래 좋아, 인심 쓴다! 생라면을 하나 꺼냈습니다. 팔꿈치로 탁!

---

8) 「짜파구리 찐동생은 나야 나! 신라면 공장 대공개」 / 유튜브 채널 '팩토리 시크릿'

수프 촥촥! 먹기 좋게 부서진 라면 조각을 입에 넣고 와그작 씹으며 이야기를 나눠봅니다.

엄마 : 얘들아, 저런 공장 만들려면 돈이 얼마나 필요할까?

첫째 : 글쎄…. 10억?

둘째 : 100억은 필요할걸?

엄마 : 엄마도 감이 없네. 어쨌거나 돈이 엄청 많이 필요하겠지? 근데 이걸 한 사람이 혼자 만들 수 있을까?

첫째 : 당연히 혼자 못 하지! 저기 일하는 사람들만 해도 얼마나 많은데.

둘째 : S그룹 회장님이라면 가능할지도 몰라.

여러 사람이 돈을 모아 만들면 주식회사구나 ✦★

라면 공장 영상이 끝나니 이번에는 초코맛 파이 공장의 영상이 이어서 뜨네요.[9] 이 공장도 어마어마합니다. 자동으로 빵을 만들고, 마시멜로를 짜고, 초콜릿을 입혀 냉각하는 과정이 경쾌한 음악을 배경으로 펼쳐지는데 은근 중독성 있더라고요. 와, 이렇게

---

9) 「달콤한 오리온 초코파이 만드는 과정 대공개!」 / 유튜브 채널 '오리온'

공장이 돌아가는구나! 영상 덕분에 과자나 라면 만드는 데에도 엄청난 기계와 사람이 필요하다는 걸 알게 되었습니다. 그리고 이 공장을 돌리기 위해서는 많은 돈이 필요하다는 것도요.

> 엄마 : 너희도 봤다시피 이런 과자나 라면 회사 정도 규모를 만들려면 혼자서는 힘들어. 그래서 여러 사람이 돈을 모아서 회사를 만들거든? 이렇게 돈을 모은 사람들을 '주주(株主)'라고 하고, 투자한 돈은 '주식(株式)'으로 바꿔 줘. 주식은 쉽게 말해 이 사람이 여기에 얼마를 투자했는지 써놓은 영수증 같은 거야. 그리고 이렇게 여러 사람의 돈이 모여 만들어진 회사를 '주식회사(株式會社)'라고 해.
>
> 첫째 : 아하, 주식회사가 여러 사람이 함께 만든 회사라는 뜻이었구나.
>
> 둘째 : 나도 이 라면 회사에 투자할래!
>
> 엄마 : 음…. 그러면 이제부터 너희가 좋아하는 먹거리들을 한번 잘 살펴보자. 투자는 신중히 해야 하거든.

우리 아이들, 라면이나 과자 정말 좋아하지요. 하지만 보통 우리는 라면이나 과자를 '소비'하는 입장입니다. 그런데 우리가 소비하는 모든 것은 그것을 만드는 사람이 먼저 있었기에 가능한 거잖아요?

자주 사먹는 제품으로 회사를 익히자 ⭐

　이렇게 영상을 함께 보니 만드는 사람의 입장에서 생각을 해보게 되더라고요. 더 많은 과정을 자동화할수록 직원들을 줄일 수 있겠다는 것부터, 한 번 만들 때 많이 만들면 원가를 절감할 수 있겠다는 등 아이들도 제법 그럴듯한 의견을 냅니다.

　아이들이 좋아하는 제품의 포장지 뒷면을 보세요. 깨알처럼 수많은 글씨가 써 있어요. 그중에서 '㈜○○'이라고 쓰인 부분을 함께 찾아보세요. 이게 바로 그 제품을 만든 회사의 이름입니다.

　주식회사의 개념을 알려주려면 먼저 그 제품을 만드는 회사의 존재에 대해서 알아야 합니다. 여러분도 유튜브에서 우리 아이가 좋아하는 제품 이름 뒤에 '공장'이라는 단어를 넣어서 검색해 보세요. 그리고 아이들과 함께 영상을 보며 이야기 나눠보세요. 처음부터 완벽하게 이해하지 못해도 괜찮아요. 우리가 소비하는 것들을 뒤에서 만드는 '생산자'가 존재한다는 걸 아는 것만으로도 일단 성공입니다.

우리 아이
첫 번째 주식 투자
이야기

코로나19가 한창 기승을 부리던 겨울방학이었어요. 그때는 외출이 자유롭지 않다 보니 집에서 삼시세끼와 간식을 모두 해결해야 했지요.

그해에는 유달리 간식으로 호빵을 많이 먹었답니다. 특히 둘째는 냉동실에 쟁여 놓은 호빵을 어찌나 잘 찾아내는지, 혼자 하루에 호빵을 세 개씩 먹을 정도였어요. 호빵값 대느라 허리가 휠 지경이었습니다.

> 엄마 : 둘째야, 네가 이렇게 호빵을 많이 먹는 걸 보니 호빵 회사는 진짜 돈 잘 벌겠다. 안 그래도 신문에 호빵 회사 매출 올랐다고 났던데, 네 덕분인가 봐.
>
> 둘째 : 엄마, 호빵은 왜 이렇게 맛있을까? 내가 호빵 회사 사장님이면 실컷 먹을 수 있을 텐데….

응? 호빵 회사 사장님? 문득 좋은 아이디어가 떠오릅니다. 나중으로 미룰 것 없이 호빵 회사 주식을 사면 우리도 지금 바로 사장님 부럽지 않은 주주가 될 수 있는 거잖아요? 게다가 요즘 호빵이 잘 팔린다고 신문에 날 정도이니 주식 가격이 오를 가능성도 있는 거고요.

호빵 회사 사장 대신 주주가 되자 ✦★

그래서 아이와 함께 증권사 MTS(모바일 거래 시스템)를 같이 열어 보았어요. 한 주당 가격이 6만9,000원 정도 하더군요. 와구와구 호빵을 먹고 있는 아이에게 슬쩍 말을 건네봅니다.

엄마 : 우리가 호빵을 많이 사 먹지? 그럼 호빵 회사가 돈을 잘 벌겠지? 그러면 호빵 회사의 주식 가치가 올라갈 거야. 가치가 올라가면 주식의 가격도 올라가니까, 우리가 지금 주식을 사 놓으면 나중에 돈을 벌 수 있지 않을까?

둘째 : 나도 호빵 회사 주식을 살 수 있어?

엄마 : 그럼~. 네가 주식을 사면 너도 호빵 회사 주주가 되는 거지. 이렇게 투자한 주주들 덕분에 돈을 번 거니까 그 돈의 일부를 주주에게 배당금으로 나눠줄 수도 있어. 그러면 네가 호빵 사 먹을 돈을 벌

수 있을지도 몰라!

둘째 : 오~! 엄마, 당장 사자! 그러면 내가 호빵을 먹을 때마다 회사에 도움이 되는 거잖아? 죄책감 없이 호빵을 마음껏 먹을 수 있을 것 같아.

응? 뭔가 밑지는 느낌도 들었지만, 어쨌든 우리는 그 자리에서 호빵 회사의 주주가 되었답니다. 그리고 앞으로 주가의 흐름을 관찰하기로 했어요.

우리의 가설은 이러했습니다. '호빵은 겨울에 많이 팔리니까, 겨울이 지나고 나면 회사가 돈을 많이 벌었으니 주식 가격이 오를 것이다.' 그렇게 겨울방학이 지났습니다. 그런데 주가의 흐름은 그냥 지지부진하더라고요.

"에이…. 호빵이 잘 팔린다고 주식이 오르는 건 아닌가 봐."

그렇게 호빵 주식은 봄이 지나가면서 천천히 잊혀졌답니다. 그런데 5월 초 어느 날! 오랜만에 주식계좌를 열었는데, 호빵 회사 주식이 9만 원 가까이 올라 있는 게 아니겠어요? 차트를 열어 보니 최근 며칠 사이에 어마어마하게 올랐더라고요.

"어머, 이게 웬일이야!"

깜짝 놀라 기사를 찾아보았어요. 그랬더니 이런 기사들이 나왔더라고요.

'어닝서프라이즈' SPC삼립, 2거래일 연속 6%대 강세

(아이뉴스24 2021.05.10) (⋯) SPC삼립은 지난 6일 연결기준 1분기 잠정 매출로 전년 동기 대비 11% 오른 6천525억원, 영업이익으로 53% 오른 104억원을 기록했다고 공시했다. 영업이익은 시장 예상치(90억원)를 상회하며 어닝서프라이즈를 기록했다. (⋯)

그렇게 우리는 한 주당 약 2만 원 남짓한 수익을 얻을 수 있었답니다. 그동안 먹은 호빵값에 비하면 비교도 안 되지만, 그래도 묘하게 위로받는 느낌이랄까요.

그렇다면 왜 호빵 회사의 주가는 겨울에 안 오르고 5월에 올랐을까요? 알아보니 우리가 한창 호빵을 사 먹었던 1~2월의 매출과 영업이익은 5월에 발표가 되더라고요. 그러니까 이 발표가 나오면서 시장의 주목을 받았던 거지요. 이렇게 아이와 저는 실적에 따라 주가가 어떻게 움직이는지 생생하게 관찰할 수 있었답니다.

한 번의 행운, 두 번째도 통할까 ✵⁺

시간이 지나 다시 겨울이 되었습니다. 우리는 전년도에 한 번

수익을 본 경험이 있잖아요? 다시 투자를 해 보기로 했습니다. 마침 주가도 비슷하게 다시 내려와 있더라고요. 그래서 딱 한 주를 사 놓고 열심히 호빵을 먹으면서 겨울을 보냈답니다. 우리가 사 먹는 호빵이 주가 상승에 도움이 되길 바라면서요.

그런데 이번에는 이상합니다. 아직 겨울이 다 지나지도 않았는데 2월부터 주식 가격이 마구 오르는 거예요. 가만히 보니, 이 호빵 회사에서 내놓은 캐릭터 빵이 엄청난 인기를 끌고 있더라고요. 그 빵 안에 들어있는 스티커가 인기를 끌면서 겨울방학 동안 아이들 사이에서 솔솔 소문이 나더니, 개학과 맞물려 모든 마트와 편의점에 품귀 현상이 일어난 거지요. 매일 아침 그 빵을 사기 위해 마트와 편의점에 오픈런 하는 사람도 생기고요. 뉴스에서도 연일 긍정적이었습니다.

"SPC삼립, '포켓몬빵' 인기에 영업이익 증가할 것" ··· 목표주가 9.3만↑

(서울경제 2022.03.31.) NH투자증권이 31일 SPC삼립(005610)에 대해 "'포켓몬 빵' 인기에 힘입어 1분기 영업이익이 증가할 것으로 보인다"며 목표주가를 기존 8만원에서 9만 3000원으로 올려 잡았다. 조미진 NH투자증권 연구원은 "올해 1분기 SPC삼립의 영업이익은 전년 대비 43.2% 증가한 149억 원으로 추정된다"며 "'포켓몬 빵' 등을 중심으로 베이커리 사업부 제품군의 고른 판매가 이어질 것"이라고 말했다. (···)

덕분에 우리는 또 한 번의 새로운 통찰력을 얻었습니다. '아이들 사이에 소문이 솔솔 나면 해당 주식에 관심을 가질 필요가 있다.' 이렇게 우리 가까이에 주식의 흐름을 관찰할 기회가 있다니, 정말 신기하지 않나요?

두 번이나 재미⑦를 본 우리는 다시 겨울이 오기를 기다렸답니다. 이제는 뉴스도 함께 찾아보는 습관을 가지게 되었지요. 그런데 어느 날 뉴스에서 이 회사와 관련된 안 좋은 소식들이 들려옵니다. 공장에서 인명사고가 발생했더라고요. 이것 때문인지 심지어 회장님이 법정에 출석하기도 했고요. 당연히 주가 흐름도 좋지 않았습니다. 이 회사의 빵들은 여전히 잘 팔렸지만, 뉴스에 나오는 기사들이 긍정적인 것만은 아니어서 걱정이 되더라고요. 그래서 우리는 호빵 회사 투자를 일단 마무리하기로 했습니다.

주식 투자는 어렵거나 먼 곳에 있는 게 아니더라고요. 우리의 일상 속 사건들이 주식에 영향을 미친다는 것을 아이와 함께 체감했습니다. 멀리 갈 것도 없이 아이들이 좋아하는 것과 우리의 일상을 관찰하다 보면 주식 투자 아이디어를 얻을 수 있을 거예요. 그리고 뉴스를 계속 살펴보는 것, 잊지 마시고요. 다음 장에서는 여러 가지 투자 아이디어들을 살펴볼게요.

아이들과 함께 찾는
투자 아이디어

요즘 아이들에게 가장 좋아하는 라면이 뭐냐 물으면 불닭 맛이 나는 모 회사의 매운 라면이라고 입을 모읍니다. 저희 집은 온 식구가 매운 걸 좋아하지 않아서 몰랐는데, 편의점에서 아이들이 먹는 라면 중 제일 많이 팔린다고 하더라고요.

이 라면은 젊은 층을 중심으로 SNS에서 선풍적인 인기를 끌면서 전 세계로 이름이 알려지기 시작했는데요. 그 소식이 전해지며 이 회사의 주가는 전년 대비 다섯 배 이상 껑충 뛰어올랐답니다. 왜 우리 집은 이 라면을 즐겨 먹지 않았는지 아쉬울 정도의 상승폭이었어요.

최근 유치원부터 초등 저학년 여자아이들 사이에서 엄청나게 인기 많은 캐릭터가 있습니다. 저희 아이들 어릴 때는 뽀로로가 최고였는데 이제는 이 귀여운 캐릭터가 새롭게 '초통령'이 되었다네요. 캐릭터의 종류도 많고 관련 상품의 가격도 비싸서 부모 등 골을 휘게 하는 것으로 악명이 높기도 합니다. 최근에 이 캐릭터를 주인공으로 한 영화가 개봉되었는데, 이거 보러 가야 한다며 엄마들이 예약에 열을 올리는 모습에 깜짝 놀랐습니다.

하지만 매출과는 다르게 이 회사의 주가 흐름은 그다지 좋지 않더라고요. 뉴스를 찾아보니 재무구조상 문제가 좀 있다는 의견이 있더군요. 하지만 현재 이 문제를 해결하기 위해 이런저런 노력을 하고 있다고 하니 앞으로 어떤 식으로 흘러갈지 관찰해보면 흥미로울 것 같아요.

아이가 좋아하는 아이템은 누가 만들까 ✦˙

얼마 전 대중가요 시장을 발칵 뒤집어놓은 뜨거운 이슈가 있었어요. 유명 아이돌을 둘러싼 소속사와 자회사 대표 간의 갈등이었지요. 글로벌 케이팝 스타를 보유한 대형 소속사이기에 전 세계적으로 관심이 집중되기도 했습니다. 한쪽에서 이슈를 터트리고 반대쪽에서는 반박하는 행태가 반복되었는데, 그럴 때마다 주가가 출렁였답니다.

저 역시 팬의 한 사람으로서 해당 회사 주식에 관심을 가지고 있었는데요. 팬심으로 이슈를 바라볼 때와 투자자 입장에서 바라볼 때는 사뭇 다르게 느껴지더라고요. 이 회사에 소속된 또 다른 아이돌 그룹이 많기 때문에 앞으로 어떻게 흘러갈지 지켜보는 중입니다.

요새 우리 아이가 가장 좋아하는 가수는 누구인가요? 전 세계적으로 가장 인기 있는 가수는요? 그 가수는 어떤 회사에 소속되어 있나요? 이런 것들이 모두 투자 아이디어가 될 수 있습니다.

이렇게 아이들이 좋아하는 것뿐 아니라 우리가 살아가는 일상에서도 투자 아이디어를 많이 발견할 수 있습니다. 평소 여러분이 손에서 놓지 않는 것은 뭔가요? 아마 많은 분들이 "스마트폰!"이라고 이야기할 겁니다.

그 스마트폰은 어떤 회사의 제품인가요? 왜 그 회사 제품을 고르셨어요? 그 스마트폰으로 주로 어떤 걸 하세요? 영상을 보거나, 게임을 하거나, SNS를 한다면 그 앱은 어떤 회사가 만들었나요? 주변에도 그 앱을 사용하는 사람들이 많은가요?

그뿐만 아닙니다. 지금 가장 사고 싶은 가전제품은 뭐예요? 좋아하는 신발 브랜드는요? 커피숍은 어느 브랜드를 선호하세요? 여러분이 즐겨 먹는 과자는요? 요즘 전 세계적으로 한국 음식이 인기라던데 그중에서 대표적으로 떠오르는 음식이 있나요? 이렇게 우리의 일상 속에서 투자의 포인트를 찾아보세요.

사달라는 아이, 혼내지만 말고 대화를 나눠보자 ✦*

아이들이 "엄마, 이거 사 주세요" 할 때 엄마는 무조건 안 된다고 할 게 아니라 다시 질문을 던지는 겁니다. "그건 어느 회사에서 만든 거야? 그걸 사는 대신 너도 그 회사의 주인이 되어보는 건 어때?"라고 말이지요.

그러다가 미래에도 유망한, 우리 아이들과 함께 성장할 회사를 발견했다면 그 회사에 대해서 아이와 함께 깊이 공부를 해보세요. 그리고 우리 아이의 종잣돈을 그 회사에 한 주 한 주 심어놓는 거예요. 이렇게 투자를 해 놓으면 아이들은 끊임없이 그 회사의 행보를 지켜볼 겁니다. 그 회사가 자신의 종잣돈을 무럭무럭 자라게 해줄지도 모르니까요.

어떤가요? 경제교육, 별로 어렵지 않지요? 엄마표 경제교육은 진지하게 마주 앉아서 무언가를 가르쳐주는 게 아닙니다. 이렇게 일상 속에서 소재를 찾아 끊임없이 질문을 던지는 것, 우리 아이의 생각을 소비자가 아닌 '생산자'로 바꿔주는 것, 이게 바로 엄마표 경제교육의 핵심이랍니다. 전문가 수준이 아니라 아주 사소한 것들이라도 그런 대화의 시간이 쌓여서 우리 아이의 경제 근육이 튼튼해질 거예요.

콜라로
충치 대신 달러가
생긴다면?

달달한 것을 입에 달고 사는 둘째가 여느 때와 다름없이 콜라를 홀짝거리며 집에 들어옵니다. 대체 양치도 깨끗하게 안 하는 녀석이 무슨 탄산음료를 저렇게 맨날 마시나 싶습니다. 충치 생기는 것은 차치하더라도 콜라에는 설탕이 너무 많이 들어가 있고, 탄산도 성장기 아이에게는 좋지 않다고 하잖아요. 이대로 두면 안 되겠다 싶어 한 가지 제안을 했습니다.

엄마 : 둘째야, 콜라가 그렇게 맛있어?

둘째 : 당연하지. 밖에서 뛰어놀다가 시원한 콜라를 한잔 마시면, 캬~. 얼마나 상쾌한지 몰라.

엄마 : 근데 콜라가 몸에 좋은 건 아니잖아. 너도 알지?

둘째 : 알지. 하지만 맛있는걸.

엄마 : 엄마는 여러모로 네가 콜라를 너무 많이 먹는 것 같아서 걱정이거든. 그래서 말인데 엄마가 집에 탄산수를 사다 놓을게. 콜라 대신 탄산수를 마시면 어떨까? 탄산수도 좋은 건 아니지만, 그래도 설탕은 덜 들었을 테니까. 그리고 네가 콜라 먹고 싶은 걸 꾹 참고 엄마에게 말하면 엄마가 코카콜라 주식을 1,000원어치씩 사 줄게.

둘째 : 코카콜라 주식?

엄마 : 응. 워런 버핏 할아버지도 코카콜라 마니아인데, 그래서 코카콜라 주식을 많이 보유하고 있대. 코카콜라 주식은 배당금을 많이 주기로도 유명하거든. 주식을 가지고 있으면 주기적으로 너에게는 용돈이 들어오는 거야. 심지어 달러로!

둘째 : 그래? 달러로 용돈이?

엄마 : 응. 콜라를 마시면 네 용돈이 사라져 버리지만, 콜라를 안 마시고 주식을 사면 오히려 용돈을 받는 거지!

둘째 : 좋은데? 그럼 당장 시작하자!

미국 주식으로 달러 용돈을 벌어보자 ✦˚

그때부터 저는 아이 계좌에 코카콜라 주식을 1,000원어치씩 매수해주기 시작했습니다. 그렇게 스무 번쯤 매수했던 어느 날, 증권사에서 문자가 날아왔습니다.

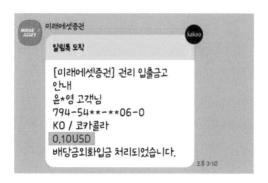

우와, 이게 웬일인가요! 진짜로 달러 용돈이 입금되었네요. 약 2만 원 정도를 매수했는데 배당금이 0.1달러라면, 20만 원어치를 매수하면 1달러가 들어온다는 말이잖아요. 코카콜라의 경우 3개월에 한 번씩 배당을 하니까 1년이면 4달러 정도의 배당을 받을 수 있는 거네요.

그렇게 배당받은 돈을 재투자한다면? 다시 1,000원씩 다섯 번을 더 살 수 있을 거예요. 그러면 배당금은 더 늘어나겠지요? 이게 바로 복리의 마법! 게다가 해가 바뀔 때마다 배당률은 계속 늘어날 테니, 콜라와 맞바꾼 1,000원은 사실 그보다 훨씬 큰 가치로 돌아오게 되는 셈입니다.

동생이 달러로 용돈을 받는다는 것을 알게 된 첫째는 자기도 1,000원씩 주식 투자를 하겠다며 돈을 내밀었습니다. 그러면서 어디서 뭘 들은 건지 자기는 반도체 기업에 투자를 하겠다네요.

그래서 첫째는 대만의 반도체 회사에 투자를 하기 시작했어요. 그렇게 몇 달이 지나자, 반도체 호황 시기와 맞물려서 첫째는 배당금뿐 아니라 주가 상승의 기쁨도 맛볼 수 있었답니다.

한번 맛을 보고 나니 이번에는 또 본인이 관심 있는 열차 회사에 투자를 하겠다더라고요. 이 회사의 주식은 방산주(방위산업 관련주)로도 분류되는데 글로벌 수출 실적이 잘 나오면서 두 번째 종목 역시 꽤 높은 수익률을 기록하고 있답니다. 아니, 우리 첫째에게 이런 엄청난 투자 감각이…? 기쁘고 대견합니다. 아직 어린아이라서 투자 금액이 작은 게 그렇게 아쉬울 수가 없네요.

아이들에게 주식 투자를 권하는 이유 ✦*

수업 전, 한 학생이 저에게 쪼르르 달려왔습니다. 지난 시간에 1,000원으로 주식 투자 하는 법을 알려줬거든요.

"선생님, 저희 엄마가 주식은 절대 안 된대요. *쪼끄*만 애는 주식 하는 거 아니라고요."

아이고 안타까워라…. 수업 때 눈을 반짝이며 들었던 아이였는데 많이 아쉬워하더라고요. 하지만 어머님이 어떤 뜻으로 이야기하셨는지는 알 것 같습니다. 우리 때는 주식 하면 패가망신한다는 이야기가 거의 정석이었으니까요. 그래서 사실 어린아이들에게 주식 투자를 권하기는 참 조심스럽습니다. 투자에 100%는 없으니까요.

그럼에도 불구하고 투자는 꼭 필요하다고 생각합니다. 가장 큰 이유는 물가가 계속 상승하기 때문이에요. 제가 어렸던 1980년대에는 자장면 한 그릇이 500원이었어요. 근데 지금은 어떤가요? 지역에 따라 다르지만 이제는 7,000원 내지 8,000원씩 하더라고요. 아이들이 우리 나이가 되면 그땐 아마 5~6만 원 정도가 될지도 모릅니다. 나중에는 100만 원으로 자장면 스무 그릇도 못 사 먹는다는 이야기입니다.

이렇게 돈의 가치가 떨어지면서 자연스럽게 물가는 상승하게 돼요. 이걸 인플레이션(inflation)이라고 하지요. 돈을 가만히 끌어안고만 있으면 점점 내 자산은 줄어든다는 의미입니다. 그래서 우리는 적극적으로 투자를 해야 합니다. 돈의 가치를 보존하기 위해서, 즉 인플레이션을 헤지(hedge, 대비)하기 위해서요.

물론 투자는 나중에 어른이 되어서 해도 됩니다. 하지만 투자에서 가장 강력한 건 '시간'이잖아요. 적은 돈이라도 시간의 힘을 먹고 자라면 '복리의 마법'이 어느 순간 찾아오니까요. 복리 그래프는 30회 정도 수익이 반복될 때 수직으로 상승하기 시작합니다. 하루라도 일찍 시작한다면 그 수직 상승 그래프를 만나는 날이 빨라지겠지요?

아이들이 가진 가장 큰 무기인 시간을 활용하게 도와주세요. 한 방에 큰돈을 넣는 어른들의 투자 방식이 아니라, 용돈 모아 1,000원씩 차곡차곡 적립하는 투자. 어렸을 때 이렇게 배워야 어른이 되어도 시간에 투자할 수 있게 됩니다.

▌ **복리의 마법**

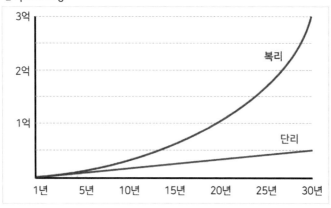

어린이를 위한
'소수점 투자'의 규칙

주식 투자는 부동산 투자와 비교하면 소액으로 할 수 있는 게 장점이라고 하죠. 그래도 유의미한 투자를 하려면 최소한 100만 원은 있어야 한다는 사람들이 많습니다. 사실 맞는 말이기도 해요. 우리는 '사고, 팔고, 사고, 팔고'를 반복하는 과정에서 차익을 얻는 것이 투자라고 생각하기 때문입니다.

1,000원으로 시작하는 우리 아이 첫 투자

하지만 아이들의 돈 불리기는 어른들의 그것과는 조금 개념이 다릅니다. 아이들에게는 돈의 규모보다 훨씬 강력한 '시간'이라는 무기가 있거든요. 투자의 기간을 길게 잡을 수 있다면 시간을 활용해서 충분히 돈을 불릴 수 있습니다. 적은 돈을 꾸준히 긴 시간 동안 모아가는 방식의 투자이지요.

그래서 제가 아이들에게 추천하는 방식은 '소수점 투자'입니다. 주식을 한 주 단위가 아닌 소수점 단위로 매수하는 거지요. 몇 년 전까지만 해도 일부 증권사에서만 제공하던 서비스인데 이제는 거의 대부분의 증권사가 '소수점 투자' 메뉴를 운영하고 있답니다.

소수점 투자는 대부분 1,000원부터 가능하기 때문에 아이들이 용돈을 모아 소액으로 투자를 시작하기에 딱입니다. 게다가 요즘은 자녀의 주식계좌를 스마트폰 앱에서 비대면으로 간편하게 개설할 수 있으니 진입장벽이 더 낮아졌지요.

물가상승률을 고려했을 때 은행 저축만으로는 돈 불리기가 어려운 게 사실입니다. 그래서 저희 아이들은 적금으로 목돈을 모으는 것과 동시에 소수점 투자로 돈을 불리는 것을 함께 진행하고 있어요. 이건 돈을 불리기 위한 목적이기도 하지만, 아이들에게 저축과 투자의 차이를 알려주는 방법이기도 합니다.

규칙은 이렇습니다. 용돈을 받자마자 일부는 적금에 넣기, 그리고 평소 용돈을 아껴 1,000원씩 본인이 고른 종목에 소수점 투자하기! 적금은 만기가 되면 증권사로 옮겨 펀드를 분할 매수하고, 소수점 투자는 계속 쌓아갑니다. 배당금을 받으면 재투자하고요. 미래를 위해 현재의 욕구를 꾹 참고 모은 소중한 돈인 만큼 아이들은 '잃지 않는 투자'의 중요성을 저절로 알게 되더라고요.

아이와 자산이 함께 자라날 수 있도록 ✦

　중요한 것은 우리 자녀가 돈 불리기를 시작할 때 '투기'로 접근하지 않도록 세심하게 신경 써야 한다는 것입니다. 요즘은 너도나도 주식으로, 부동산으로, 혹은 코인으로 돈 벌었다는 이야기를 많이 합니다. 그래서 아이들도 남을 따라 하면 쉽게 돈을 벌수 있다고 생각할 수 있습니다. 어쩌면 사실 더 큰 문제는 아이들이 아니라, 어른들이 투자를 대하는 태도일지도 모르겠네요.

　"알고 하면 투자, 모르고 하면 투기"라는 말이 있지요. 투자에는 시간과 정성이 필요합니다. 단기간의 급등을 좇아 요행을 바라는 '투기'가 아니라, 우리 아이가 어른이 되는 데 걸리는 시간 동안 함께 불려 나간다는 마음으로 장기적인 투자 계획을 세워 봅시다.

투자가 아닌
투기한 자의 최후

"알고 하면 투자, 모르고 하면 투기다", "투자에는 시간과 정성이 필요하다"라고 바로 앞에서 말했습니다만, 솔직히 저도 정작 그렇지 못했음을 고백합니다. 특히 투자에 좀 자신감이 붙었다 싶었던 지난 몇 년간은 아주 엉망진창이었거든요.

투자자 엄마, 자신감이 하늘을 찌르다

부동산 투자만 하던 제가 주식에 관심을 가지게 된 건 코로나 팬데믹 때였어요. 그땐 뭘 사도 다 오르는 때였지요. 주식, 부동산, 코인 등 모든 자산이 폭등했습니다.

삼성전자가 10만 원이 되네, 테슬라 수익률이 300%네, 비트코인으로 30억 원 벌어서 퇴사했네…. 세상 모든 사람들이 돈 번 이야기를 했습니다. 덩치가 큰 부동산 가격조차 자고 일어나면 오르던 시기였으니까요. 뭐든 가지고 있어야 했습니다. 없는 사람은 바보였던 때였거든요.

명색이 투자자인데 가만히 있을 수는 없잖아요? 부동산은 이미 가지고 있으니 이번엔 주식을 해보자 결심했어요. 목표는 주식으로 하루 1만 원 벌기! 신문에서 본 기업들을 관심 종목 리스트에 담아두고 하나씩 매수했어요. 그리고 수익이 1만 원 나면 팔았습니다.

와우, 근데 이게 웬일인가요? 진짜 하루에 1만 원 이상씩 벌리네요? 당연히 주가는 오르락내리락했지만, 오른 종목만 팔면 되니까 그렇게 쉬울 수가 없더군요. 한 달에 30만 원을 주식으로 벌고 나니 왜 이걸 그동안 안 했을까 후회막심입니다.

비슷한 시기에 부동산 시장에서는 '분양권 줍줍(미분양·미계약 물량을 추첨으로 배정하는 방식)' 광풍이 불었습니다. 수도권은 물론 지방 곳곳의 땅끝까지 사람들이 버스를 타고 몰려다녔지요. 분양권 없는 사람은 포모(FOMO. 뒤처짐에 대한 공포)에 못 견디던 시절이었습니다. 남들이 분양권 투자로 한두 달 만에 몇천만 원 벌었다는 소식이 들려올 때마다 마음이 조급해졌습니다.

이 마음을 들켰던 걸까요? 가 본 적도 없는 바닷가 지역에 '좋은 매물'이 나왔다는 소식이 들려왔습니다. 귀가 커졌습니다. 멈 칫하면 바로 사라질 수도 있는 기회! 바로 계약금을 쐈습니다. 프 리미엄도 얹어주었고요. 좀 비싼 거 아닌가 싶었지만 괜찮습니 다. 나도 한두 달 뒤에 딱 몇백만 원만 벌고 매도할 거니까요. 그 렇게 저도 드디어 분양권 가진 사람이 되었지요.

그렇게 목표했던 '한두 달'을 훌쩍 지나 3년 정도의 시간이 흘 렀습니다. 결과는 어떻게 되었을까요?

성급한 '묻지마 투자'의 결과 ✦˚

하루 1만 원씩 벌겠다며 주가가 떨어질 때마다 자금을 투입하 던 저는 어느 순간 더 이상 넣을 자금이 없게 되면서 투자를 중단 하게 되었어요. 어떤 기업은 100만 원이 넘던 주가가 80만 원까 지 떨어졌길래 "이때다!" 하고 매수했더니, 끝없이 내려와서 지금 은 20만 원 이하가 되었네요. 코로나 수혜주로 분류되며 끝없이 상승하던 한 미국 기업은 팬데믹 종식이 선언되며 마이너스 90% 까지 내려갔고요.

세상에, 내 계좌에서 이런 모습을 보다니! 웃음만 나옵니다. 어 느 순간부터는 꼴도 보기 싫어서 그냥 외면하고 있습니다. 그 계좌에는 여전히 수많은 종목이 통합 수익률 마이너스 47%를 기록한 채 잠자고 있지요. 본전을 찾으려면 100% 이상 올라야 하는데, 탈출이 가능할지 모르겠습니다, 하하….

가 보지도 않고 샀던 분양권은 3년의 시간이 흘러 벌써 입주할 기간이 되었습니다. 한두 달 만에 딱 몇백만 원만 벌고 빠져나오려던 계획은 부동산 시장이 꽁꽁 얼어붙으면서 물거품이 되었지요.

그 사이에 다주택자들이 부동산 투자를 하기 어려운 상황이 되면서 잔금을 치르고 전세를 놓기도 힘들게 되었습니다. 어쩌겠어요, 결국은 손절할 수밖에요. 프리미엄을 후하게 주고 샀으나 팔려고 내놓으니 그 프리미엄 금액을 몽땅 포기하고 나서야 간신히 매수자를 찾을 수 있었답니다.

매도한 뒤에야 그 지역을 제대로 둘러보았습니다. 아, 여기는 인구가 줄어들고 있는 지역이구나…. 이 지역에 실거주하는 사람들 외에는 수요가 없겠구나…. 이 지역의 중심은 여기가 아니었구나….

몇 년 전까지는 회사를 다니면서도 밤낮으로 지역을 분석하고, 수없이 현장을 걸어다니면서 100장짜리 보고서를 쓰고 나서야 겨우 한 채 매수하던 내가, 대체 무슨 용기로 알지도 못하는 지역의 분양권을 덥석 샀던 걸까요? 아무래도 뭐에 홀렸던 게 분명합니다. 포모라는 마법에요.

다시 아이들에게 배우다 ✦⁺

  돌아오던 길, 그 지역의 유명한 빵집에서 빵을 한 가득 샀습니다. 비록 손해로 마무리된 투자지만, 그동안 마음 고생한 스스로에 대한 선물입니다.

  아이들과 빵을 먹으며 이야기를 나눴어요. 사실은 엄마가 3년 전에 저기 먼 곳에 있는 집을 충동 구매했다고. 그 집을 오늘 팔았는데, 큰돈을 손해봤다고요. 아이들에게 군것질 한 번 할 때마다 이게 충동 구매는 아니었는지 용돈기입장에 가위표를 하라고 가르쳤는데, 정작 엄마는 엄청나게 큰 가위표를 쳐야 할 만큼 낭비를 했다고요. 아이들이 위로를 해주네요.

  "엄마, 살다 보면 그럴 수도 있지. 투자는 원래 벌기도 하고 잃기도 하는 거라며. 하지만 잃었다고 그만두면 잃은 상태에서 끝나는 거라고 했잖아. 엄마도 다시 좋은 투자를 해봐. 우리한테 알려준 안전한 방법으로 꾸준히 하면 되지 않을까? 그리고 이제 투기 좀 그만하고! 엄마 요즘 임장도 안 다니던데, 그렇게 공부 안 하고 투자하면 투기라며? 가만히 보면 엄마도 투기꾼이라니까."

아이고, 듣다 보니 이게 위로인지 혼내는 건지…. 하지만 할 말이 없네요. 투자의 탈을 쓴 투기를 했으니까요. 아이들에게 더 혼나기 싫으니 마이너스 47%짜리 주식계좌는 영원히 비밀로 해야겠습니다.

'아빠 망했어' 프로젝트의 뒷이야기

　제 첫 책『돈을 아는 아이는 꾸는 꿈이 다르다』에는 '아빠 망했어' 프로젝트 이야기가 나옵니다. 좀 더 저렴한 집으로 이사해서 거주비를 줄인 뒤, 확보한 차액으로 다른 부동산에 투자를 하면서 겪었던 이야기지요.

　당시 저는 아이들에게 "아빠가 망해서 이사를 가야 한다"고 이야기를 했습니다. 그러면서 살던 집을 전세로 주고, 같은 단지에서 가장 선호가 떨어지는 동 1층에 저렴하게 전세를 얻어 이동했어요. 같은 단지여도 집의 상태에 따라 전세금이 차이 나기 때문에 몇천만 원의 차액을 확보할 수 있었어요. 저희는 그 돈으로 옆 도시의 한 아파트를 매수했습니다. 임차인의 전세금을 레버리지 삼아 소액으로 투자하는 일종의 '갭투자'였습니다. 당시만 해도 매매가와 전세가가 크게 차이 나지 않았고, 다주택자도 크게 불이익이 없던 시기였기 때문에 가능했지요.

　물론 이 투자는 아이들에겐 비밀이었습니다. 부족함 없이 자라온 아이들에게 결핍을 가르칠 수 있기에 투자와 교육을 모두 잡는 일석이조의 방법이라고 생각했거든요. 그런데 강연을 하다 보니 그 뒤로 어떻게 되었는지 궁금해하는 분들이 가끔 계시더라고요. 이사하는 과정에서 아이들이 상처 받지는 않았는지 우려 섞인 질문도 많이 하시고요.

사실 아빠가 망했다고 얘기는 했지만, 사는 집의 상태가 조금 안 좋아진 것 빼고는 생활이 크게 달라지지 않았어요. 절약을 강조하긴 했지만 용돈을 크게 줄인 것도 아니고, 전학을 한 것도 아니다 보니 아이들은 크게 의식하지 않고 지내더라고요. 어려서 별 생각이 없었던 것 같기도 하고요. 오히려 1층이라 마음껏 뛰어도 되고, 경비실 바로 옆집이어서 경비아저씨와도 친하게 지냈습니다. 아이들에게는 오히려 더 좋은 환경이었던 것 같아요.

시간이 지나서 첫째가 중학교에 입학할 무렵 다시 이사를 고민하게 되었습니다. 아이들이 크면서 방을 하나씩 주고 싶기도 했고, 중·고등학교를 안정적으로 다니려면 확실히 정착을 해야 할 것 같더라고요. 그래서 그때 옆 도시에 투자해 두었던 아파트로 이사를 했습니다. 인테리어를 해서 집을 깔끔하게 꾸미고 입주 청소도 깨끗하게 했어요. 이사 가던 날, 아이들은 난리가 났습니다. 둘이 한 방을 쓰다가 각자 방 하나씩을 차지하니 어찌나 행복해 하던지. 저 역시 숨통이 트이는 느낌이더라고요.

첫째 : 엄마, 내 방이 생기니까 너무 좋아!

둘째 : 나는 이층침대도 있고! 저기 베란다도 다 내 꺼야!

그날 저녁 아이들을 불러모았어요. 그리고 그간의 과정을 이야기해 주었습니다. 그동안 엄마 아빠가 열심히 노력해서 재기할 수 있었고, 이렇게 좋은 집으로 이사 올 수 있었고, 너희들이 잘 협조해줘서 가능했다고, 고맙다고요. 그리고 사실은 이 집을 어떻게 매수했는지 그 비밀도 공개했지요. 그 이후로 현재 집값은 어떻게 변했는지도 알려주었습니다. 아이들의 눈이 휘둥그레집니다.

첫째 : 아빠가 망했는데, 집이 하나 더 생긴 거야? 그게 말이 돼?

엄마 : 그렇다니까. 망한 건 맞지만, 너희들이 1층집에서 잘 지내준 덕분에 남은 돈들이 여기 와서 일을 할 수 있었던 거야. 여기서 살던 분의 전세금과 우리 돈이 합쳐져서 이 집에서 열심히 일을 했던 거지.

둘째 : 아, 돈이 돈을 벌어온다는 게 이런 거구나!

엄마 : 맞아. 돈에게 일을 시키려면 돈이 있어야겠지? 그래서 열심히 저축해서 종잣돈을 만들어야 해. 너희가 지금 모으고 있는 돈도 나중에는 이렇게 부동산에 들어가서 일을 해야 하니까.

첫째 : 나는 돈 열심히 모아서 고오~급 호텔에서 살 거야.

둘째 : 나는 바닷가에 집을 짓고 친구들이랑 살아야지.

엄마 : 으이구, 그래라~.

4년간의 '아빠 망했어 프로젝트'는 이렇게 마무리되었답니다. 이 프로젝트가 특별한 이유는 여러 가지가 있는데, 가장 큰 건 그때부터 아이들에게 경제교육을 시작하게 되었다는 거예요. 덕분에 아이들은 정말 많은 것을 배웠지요. 돈을 아껴야 하는 이유와 돈을 모아야 하는 이유도 알게 되었고, 작은 집에 산다고 해서 불행한 것은 아니라는 것도 깨달았어요. 온 식구가 힘을 합치면 어려움도 극복할 수 있다는 것, 그리고 부동산 투자를 통해 돈이 돈을 벌어오는 것을 체감해 보기도 했고요.

아, 그리고 정말 잊을 수 없는 최고의 추억이 있네요. 1층집에서 쥐와 동거도 해 보았거든요. 으악!

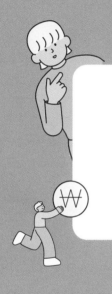

8장

내가 가진 열매를
세상에 나눠요

지금까지 돈이 뭔지 이해하고, 돈을 버는 다양한 방법을 알고, 용돈을 받아 잘 모으고 잘 쓰는 법을 꾸준히 연습했습니다. 지금까지의 경제교육이 '나'를 향한 것이었다면 이제부터는 '타인'을 향해 봅니다. 나, 가족, 친구를 넘어 타인에게 닿는 나눔까지, 진정한 부자가 되기 위한 여정에 발을 내딛어보아요.

100억 원이 있다면
무엇을 할래?

　제가 한창 부동산 투자에 열을 올리던 시기, 제 목표는 '100억 원'이었습니다. 저뿐만 아니라 투자자라면 모두가 '100억 자산가'를 꿈꿨지요. 딱히 이유는 없었습니다. 그 정도는 되어야 부자라고 명함을 내밀 수 있을 것 같았거든요. 옛날에야 '백만장자(millionaire)' 하면 엄청난 부자였겠지만, 서울 아파트 한 채가 20억~30억 원씩 하는 요즘 백만장자의 위상은 예전 같지 않습니다. 백만 달러라고 해 봐야 우리 돈으로 15억 원이 채 안 되니까요. 이제는 '억만장자'까진 아니어도 '천만장자' 정도는 되어야 하지 않을까 다들 생각하는 것 같아요.

　투자를 시작하면서 가장 처음 했던 건 부자가 된 내 모습을 구체적으로 상상하는 거였어요. 어떤 집에서 어떤 차를 타고 누구와 어떻게 살고 있는지, 상상 속의 이미지를 찾아서 인쇄하고 오려

붙여서 '꿈 보드'를 만들었지요. 100억 부자에게 어울리는 삶은 어떤 걸까 상상하며 즐거워했던 기억이 납니다.

그런데 재미있는 건요, 투자 동료들의 꿈 보드가 대부분 비슷했다는 거예요. 한강이 보이는 아파트와 슈퍼카, 해외여행은 꼭 등장하더라고요. 어쩌면 제가 꿈꾸었던 미래는 '내 꿈'이 아니라 '남의 꿈'이었을지도 모르겠습니다.

나의 꿈인 줄 알았던 '남의 꿈' ✦✴

문득 아이들의 꿈 보드에는 뭐가 등장할까 궁금해졌습니다. 마침 옆에 있던 둘째에게 물어보았어요.

엄마 : 너는 100억 원이 있다면 뭘 할 거야?

둘째 : 일단 바닷가에 땅을 사서 집을 지을 거야. 1층에는 거실, 손님방, 부엌이 있고 2층에는 방이랑 수영장이 있는 테라스가 있어. 거기에 친구들을 초대해서 띵까띵까 놀 거야.

엄마 : 그 정도면 100억 원까진 안 필요할 것 같은데, 그 다음은?

둘째 : 집 짓는 데 70억 원 정도 쓰고, 남은 30억 원 중 15억 원은 먹고 싶은 거 실컷 먹을 거야. 그리고 나머지 15억 원은 투자를 해야지.

엄마 : 뭘 먹을 건데 15억 원이나 필요해?

둘째 : 랍스타, 망고, 최고급 샤인머스캣을 산더미처럼 쌓아 놓고 먹어 야지!

엄마 : 멋지네. 근데 너의 미래에 엄마는 없는 거냐? 흥!

평범한 우리들의 꿈은 대부분 무언가를 소비하는 것입니다. 제한된 금액으로 사는 게 습관이 되어 있다 보니 그 제한이 없다면 어떨까부터 상상하게 되는 거지요. 그런데요, 빌 게이츠나 워런 버핏, 마크 저커버그, 일론 머스크 등 세상에서 가장 돈 많은 부자로 손꼽히는 기업가들도 그럴까요? 그들의 삶을 다룬 기사들을 보면 그렇지 않더라고요.

예를 들어 워런 버핏 할아버지가 오래된 자동차를 타고 매일 아침 맥도날드에서 식사를 한다는 건 잘 알려져 있지요. 마크 저커버그가 저가 브랜드 매장에서 똑같은 티셔츠 열 벌을 사서 돌려 입는다는 것도요. 그들은 이 정도면 충분하다고 말합니다. 그러면서 본인들의 재산 대부분은 사회를 위해서 쓰겠다고 해요.

해외의 부자들만 그런 게 아닙니다. 우리나라 역사 속에서도 비슷한 사례를 찾아볼 수 있지요. 일제 강점기에 활약했던 우당 이회영 선생을 아시나요? 서간도 지역에 신흥무관학교를 세우신 분입니다. 우당 선생의 가족은 당시 전국에서도 손꼽히는 어마어마

한 부자였는데 서울과 경기도 지역에 엄청난 땅을 보유하고 있었대요. 지금 가치로 따지면 수백억 원에 해당한다고 합니다. 그런데 그것들을 다 팔아서 전 재산을 독립운동에 썼다고 해요. 덕분에 우리나라가 광복을 맞는 데에 큰 도움이 되었지만, 슬프게도 정작 본인과 가족들의 말년은 편치 않았다고 합니다.

부자들 역시 무언가를 위해 돈을 씁니다. 하지만 우리는 '나'를 위해서 쓰는 반면 그들은 '남'을 위해 쓴다는 게 차이점이네요. 어떻게 그럴 수 있을까요? 돈이 남아돌아서일까요? 이미지 메이킹을 하기 위함일까요? 그럴 수도 있지만, 더 큰 이유는 따로 있더라고요. 이들은 자신의 성공이 개인적으로 잘 해서라기보다는 사회적 환경과 분위기 덕분이라는 생각을 한다고 해요. 그래서 그렇게 얻은 부를 사회에 돌려주는 것이 당연하다고 생각하는 거지요.

부자들의 재산만 보고 나눔은 보지 않는 세상 ✦

워런 버핏이 조선 시대에 태어났다면? 마크 저커버그가 신석기 시대에 태어났다면? 아마 지금과 같은 방법으로 부자가 되긴 힘들었겠지요. 지금처럼 이렇게 기술이 발전하고, 자신이 만든 서비스를 사용하는 이용자들이 많은 시대에 운 좋게 태어났기에 지금의 부를 이룰 수 있었던 거지요. 그러니 내가 가진 것들을 사회에 나눠야겠다는 마음가짐. 이것이 바로 '노블레스 오블리주(Noblesse oblige)' 정신입니다. 사회 고위층 인사에게 요구되는 도덕적 의무를 이행하고자 노력하는 거지요.

우리는 이 사람들의 재산 규모를 부러워하며 그런 부자가 되길 꿈꿉니다. 하지만 그들의 나눔에는 큰 관심이 없지요. 돈은 나를 위해 쓸 수도 있지만 다른 사람을 위해 나눌 수도 있습니다. 내가 가진 것을 세상과 함께 나눌 수 있는 아이들은 진짜 행복이 뭔지 아는 어른으로 자랄 겁니다.

학교 수업시간에 아이들에게 물으면 대부분 "저는 돈이 없어서 나눌 것도 없어요"라고 이야기합니다. 그런데요, 정말 우리 아이들은 나눌 게 없을까요? 큰돈이 있어야만 세상에 이바지할 수 있는 걸까요? 나눔은 꼭 돈이 아니어도 됩니다. 지금 내가 할 수 있는 방법으로 세상에 이바지한다면 그게 바로 나눔이지요.

나눔도 연습이 필요합니다. 어려서부터 연습이 되어 있지 않으면 나중에 큰 부자가 되더라도 선뜻 나누기 힘들 거예요. 다행인 건 아이들이 세상과 함께 나눌 수 있는 방법이 네 가지나 있다는 거예요. 하나씩 살펴보면서 '지금 우리'가 나눌 수 있는 것을 찾아볼까요?

기부 저금통으로 실현하는
금전 기부

저희 집에는 방글라데시에 사는 셋째 아이와 수단에 사는 넷째 아이가 있답니다. 조기유학을 보낸 게 아니라, 제가 오래전부터 기관을 통해서 후원하고 있는 현지의 결연 아동들이지요. 그 아이들이 각각 세 살, 다섯 살 때부터 후원을 해 왔는데 벌써 일곱 살, 아홉 살이 되었어요.

냉장고에 이 아이들의 사진을 붙여 놓았는데, 둘째는 자기 동생들이라며 친근함을 표현합니다. 직접 본 적도 없는 아이들이지만 물 마시거나 음식을 꺼낼 때마다 사진을 보면서 동생들은 잘 살고 있는지 궁금해 하더라고요. 저도 궁금하지만, 그저 매년 기관에서 보내주는 사진을 보며 잘 자라고 있다는 걸 간접적으로 확인할 뿐이지요. 그래도 그 덕분인지 저희 집 아이들은 어릴 때부터 남을 돕는 걸 그다지 낯설게 느끼지는 않는 것 같습니다.

아프리카 친구들에게 물을 선물할래요 ✦⁎

지난 겨울, 크리스마스를 앞두고 둘째와 마주 앉았습니다. 드디어 1년간 고이고이 모은 세 번째 저금통, 바로 '기부' 저금통이 활약할 때거든요. 한 해 동안 용돈 받을 때마다 쪼개어 넣은 금액, 식구들이 모은 자투리 동전, 그리고 양치질을 하지 않아서 낸 벌금도 이 저금통에 모여 있지요. 1년을 모으니 꽤 묵직하네요. 탈탈 털어 세어보니 11만 5,950원이나 됩니다. 푼돈이 하나둘씩 모여 누군가를 위해 소중하게 쓸 수 있는 큰돈이 되었습니다.

그동안은 엄마가 후원하는 곳에 보태는 식으로 간편하게 처리해 왔지만, 올해는 아이 스스로 기부할 곳을 찾아보기로 했어요. 평소에 관심이 없어서 그렇지 막상 찾아보니 우리의 도움이 필요한 곳이 정말 많더라고요. 너무 많아서 고르기 힘들 정도로요. 그래서 일단은 분야를 좁히기로 했습니다.

엄마 : 네가 기부 저금통에 모은 돈이 11만 원이나 되네. 정말 대단해! 박수! (짝짝짝)

둘째 : 그러게, 양치 좀 잘 하지 그랬니, 과거의 나야…. 흐흐.

엄마 : 귀하게 모은 돈이니까 정말 잘 쓰면 좋겠는데, 누구를 위해 쓰는 게 좋을까? 우리나라에도, 해외에도 도움이 필요한 곳이 많더라고.

둘째 : 일단 우리나라에서 10만 원은 그다지 큰돈이 아니니까, 이 돈이 더 많은 사람을 도와줄 수 있도록 아프리카 같은 나라로 보내는 게 나을 것 같아.

엄마 : 우와, 그런 생각까지 했네! 맞아. 아프리카에서는 600원 정도면 하루 두 끼를 먹을 수 있대.[10]

둘째 : 그럼 우리 이 돈을 아프리카로 보내자. 특히 아프리카는 물이 부족해서 흙탕물을 마신다고 하니까 깨끗한 물을 선물해주면 좋겠어.

엄마 : 좋아. 그런데 우리가 직접 아프리카에 물을 보내기는 어려우니까, 그 일을 대신 맡아서 해주는 기관을 찾아볼까?

직접 후원처를 찾고 기부하다 ✨⁺

둘째와 나란히 앉아서 초록창에 '아프리카 후원' 등의 검색어를 넣어 보며 관련 기관을 찾아보았어요. 기존에 엄마가 후원하던 기관에서도 마침 아프리카에 직접 후원을 할 수 있더라고요. 특히 '기념일 기부'라는 방법을 이용해서 특별한 의미를 담으면 기부증서도 발행해 준다네요. 눈으로 기부증서를 보면 앞으로 동기부여에 좋을 것 같아서 '내 이름으로 첫 기부한 날'을 기념하기로 했습

---

10) 「어린이 경제교실 : 기부를 하고 싶어요! 그런데 어떻게 하나요?」 / 유튜브 채널 '기획재정부'

니다. 직접 회원가입을 하고, 금액을 입력하며 차근차근 기부 절차를 마쳤어요. "아프리카 친구들아, 깨끗한 물 마시고 건강하게 자라렴"이라는 말도 빼놓지 않았지요.

한 달쯤 지나니 기념일 기부증서가 집으로 배달되었어요. 멋진 사진과 함께 인쇄된 증서를 보니 흐뭇한지 둘째도 아주 꼼꼼히 읽어봅니다. 양치 안 해서 벌금을 낼 땐 억울했겠지만, 결과적으로 그 돈이 아프리카 친구들의 깨끗한 물을 위해 도움이 된다 생각하니 뿌듯했겠지요. 본인의 이름으로 처음 경험한 기부 덕분인지 자존감도 뿜뿜되어, 그 뒤로는 용돈 받을 때마다 조금이라도 기부 저금통에 빼먹지 않고 저축하고 있답니다.

아이들과 함께 주변에 도움이 필요한 곳을 찾아보세요. 마땅한 곳을 찾기 어렵다면 구호단체를 통해 기부하는 것도 괜찮아요. 1년에 한 번 일시후원도 괜찮고, 부모님과 힘을 합쳐 정기적으로 꾸준히 기부해도 좋아요. 특히 먼 나라의 또래 친구나 동생을 한 명 지정하여 꾸준히 기부하고 소통하는 것은 특별한 경험이 될 겁니다. 아이들이 세상을 보는 눈이 달라지는 걸 느낄 수 있을 거예요.

큰돈이 아니어도 괜찮습니다. 연말에 전국 곳곳에서 빨간 자선냄비를 찾아보세요. 아이의 고사리손으로 직접 기부한다면 따뜻한 마음으로 한 해를 마무리할 수 있을 겁니다.

물건을 직접 보내는
물품 기부

　지난 겨울방학, 저랑 둘째는 필리핀 보홀에 있는 한 보육원으로 봉사 여행을 다녀왔어요. 이곳은 다양한 이유로 부모님과 떨어져 살아야 하는 아이들이 모인 곳입니다. 교육 전문가이신 심정섭 선생님과 함께 하는 프로젝트의 일환으로, 함께 간 여러 가족들과 다양한 봉사를 준비했어요. 전혀 인연이 없는 곳이라 개인적으로는 갈 수 없었을 곳인데 심 선생님 덕분에 도움이 필요한 현장을 눈으로 보고 직접 체험하게 되었답니다.

　운영하시는 분들은 사랑으로 아이들을 돌보고 계셨지만 아이들이 모이는 홀에도, 식사를 만드는 주방에도 여러 가지가 부족해 보였습니다. 저는 요리 봉사를 했는데, 냄비 뚜껑은 맞는 게 없고 주방 칼도 잘 들지 않더라고요. 이 칼로 어떻게 수많은 아이들의 식사를 준비할까 놀라울 정도였습니다. 아이들이 사용하는 식기와 컵도 굉장히 오래된 플라스틱이더라고요.

그걸 본 순간 며칠 전 제가 분리수거장에 버린 수많은 주방용품들이 떠올랐습니다. 미니멀라이프를 하겠다며 안 쓰는 물건을 죄다 갖다 버렸거든요. 아이고, 아까워라…. 그 물건들을 가지고 왔더라면 여기서 정말 유용하게 쓸 수 있었을 텐데 말입니다.

나에게 필요 없는 물건이 필리핀으로 갔어요 ✦⋆

집으로 돌아와 상자를 하나 만들었어요. 심 선생님을 필두로 함께 보홀에 갔던 멤버들과 물건들을 모아서 보육원에 보내기로 했거든요. 사 놓고 입지 않았던 여름옷을 비롯하여 모자와 가방, 작아진 아이들 옷 등 이런저런 물건들을 한 상자에 모았습니다.

이미 많이 버렸기 때문에 꽉 채워지지 않는 게 아쉽더라고요. 그래서 미니멀라이프 모임 멤버들에게 도움을 요청했어요. 어차피 멤버들 집에서도 버려질 물건인데, 그걸 필요로 하는 곳에 가서 제 쓰임을 다하면 자원 순환에도 도움이 되는 거니까요.

이 모습을 보고 있던 둘째도 방을 뒤져서 학용품 몇 개를 가져오네요. 여기저기서 선물 받았던 색연필, 볼펜, 수첩 등을 상자에 넣었습니다. 우리 집에서는 남아돌아서 존재감도 없던 물건이지

만 직접 보육원 현장을 다녀왔더니 거기서 어떻게 쓰일지 상상이
된다나요?

둘째 : 엄마, 이것도 필요할까?

엄마 : 그럼. 뭐든 있으면 도움이 될 거야.

둘째 : 우리 학교에 주인 잃은 연필이랑 학용품 진짜 많은데, 싹 다 가져
       오고 싶다.

엄마 : 그러게. 우리는 이렇게 물건들이 남아돌아서 잃어버려도 찾지를
       않는데, 거긴 정말 모든 게 부족해 보이더라. 왜 이렇게 차이가 나
       는 건지, 원….

둘째 : 먹을 것도 마찬가지야. 아프리카 같은 곳에서는 하루 한 끼도 먹기
       힘들다는데, 우리 학교에서 급식 버리는 거 보면 어마어마하거든.

엄마 : 맞아! 지난번에 너희 학교 갔을 때 잔반 보고 깜짝 놀랐잖아. 세상
       에, 그 정도면 아프리카 한 마을 전체가 다 먹고도 남겠더라니까.

둘째 : 엄마, 심 선생님이 이거 필리핀으로 택배 보내는 데 돈이 많이 들
       겠지? 그럼 나도 택배비를 보태야겠어.

그러면서 설날에 받은 세뱃돈 일부와 기부 저금통에 모은 돈을
털어 봉투에 넣었습니다. 이 돈이 필리핀 친구들에게 도움이 되었
으면 좋겠다는 편지와 함께요. 와…. 맨날 뻥튀기에 콜라 사 먹는
것만 할 줄 안다고 생각했던 둘째가 웬일로 이렇게 기특한 생각을

했을까요? 아마 직접 봤기 때문이겠지요. 당시에는 수줍은 마음에 적극적으로 다가가지 못했는데, 막상 돌아와서는 보육원 친구들 이야기를 많이 했거든요. 슬리퍼 신고도 농구를 엄청 잘 하더라, 열 살이라고 했는데 체구가 작아서 놀랐다, 거기 물컵이 많이 낡았더라는 등 제 나름대로 깨달은 바가 있었던 것 같아요.

물건 준비에 아이들이 앞장선다면 ✦⁺

얼마 뒤 심정섭 선생님이 물건을 받고 기뻐하는 보육원 아이들의 모습을 사진으로 공유해 주셨어요. 둘째와 함께 사진을 자세히 살펴보니 우리가 보낸 옷도 보이네요. 작아져서 더 이상 입지 못하는 옷이 필리핀 동생들에게 갔다는 걸 눈으로 보니 신기한가 봅니다. 여기에서는 버려졌을 물건들이 귀하게 쓰일 생각을 하니 감사한 마음이 절로 듭니다. 자원을 아꼈다는 생각에 뿌듯하기도 하고요.

돈을 기부하는 게 어렵다면 물건을 모아보세요. 꼭 해외가 아니어도 됩니다. 오히려 현실적으로는 국내에 필요한 곳으로 보내는 게 쉽지요. 작아진 옷이나 안 쓰는 학용품이 깨끗하다면 인근 보육원에 보내면 됩니다. 더 이상 읽지 않는 책은 지역 아동돌봄센

터나 도서관에 기부할 수 있어요.

　직접 기부할 기관을 찾는 게 번거롭다면 아름다운 가게 같은 곳에 기부하는 것도 좋습니다. 깨끗하게 분류해서 필요한 사람들이 저렴하게 구매할 수 있게 도와주거든요. 혹은 가까운 복지관이나 행정복지센터에 문의해도 돼요. 우리 지역에 도움이 필요한 곳이 어딘지 가장 잘 알고 있는 곳이니까요.

　물건을 준비하고 운반하는 과정에 아이들이 앞장서게 해주세요. 그리고 이 물건들이 귀하게 쓰이는 현장을 보여주세요. 이것만큼 살아있는 교육이 있을까요? 내가 가진 자원이 타인을 위해 쓰일 수 있다는 것을 아는 아이들은 모든 의사결정을 하기 전에 나뿐만 아니라 '세상'을 생각하게 될 겁니다. 가진 것에 감사하는 마음은 절로 가지게 될 거고요.

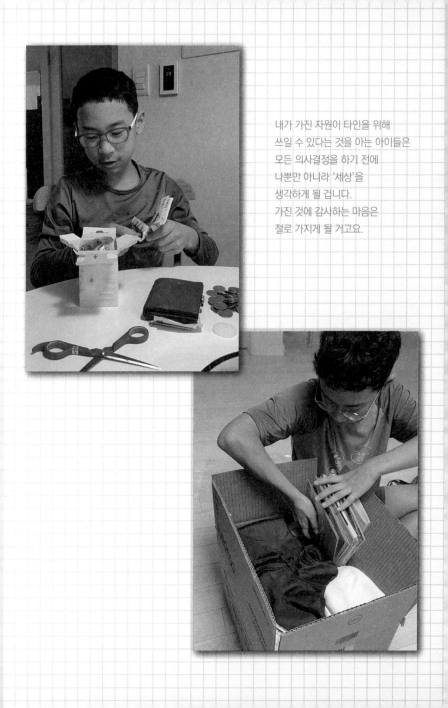

내가 가진 자원이 타인을 위해
쓰일 수 있다는 것을 아는 아이들은
모든 의사결정을 하기 전에
나뿐만 아니라 '세상'을
생각하게 될 겁니다.
가진 것에 감사하는 마음은
절로 가지게 될 거고요.

몸을 움직이며
세상에 도움이 되는
시간 기부

돈이나 물품 기부는 사실 말이 쉽지 난이도가 높습니다. 돈과 물품을 준비해야 할 뿐만 아니라 그걸 기부하기 위해 고민하고 행동하는 시간도 필요하거든요. 꽤 에너지가 들어가는 일이지요. 그래서 사실 마음을 먹는다 하더라도 평소 기부 습관이 없다면 쉽게 실행에 옮기기 힘들 수도 있어요.

그래서 이번에는 가장 쉽게 기부할 수 있는 방법을 소개해 드릴게요. 바로 '시간 기부'입니다. 시간을 기부한다니 처음 들어보셨다고요? 당연히 그럴 거예요. 제가 만든 말이거든요, 하하.

돈도 넉넉하지 않고 물품도 자기 마음대로 처분하지 못하는 아이들이 세상을 위해 할 수 있는 것은 뭘까 고민을 해봤습니다. 그러던 어느 일요일 아침, 이불 속에 쏙 들어가 눈만 빼꼼 내놓은 채 빈둥거리는 아이들을 보고 무릎을 탁 쳤습니다. 그렇지! 아이들이 가장 많이 가진 건 '시간'이네!

이 시간을 본인을 위해서 알차게 쓰면 좋겠지만, 그렇지 못할 거라면 차라리 세상을 위해 써 보는 건 어떨까 싶더라고요. 당장 비닐봉지와 집게를 찾아들고 아이들을 불렀습니다.

왜 쓰레기를 아무 데나 버리는 걸까 ✦⋆

엄마 : 얘들아! 얼른 일어나봐. 우리 밖에 산책 나가자.

첫째 : 산책? 이 아침에?

둘째 : 진짜로? 아싸!

엄마 : 대신 오늘의 산책은 특별히 각자 비닐봉지와 집게를 하나씩 들고 나갈 거야.

첫째 : 아, 플로깅(plogging) 하려고?

엄마 : 잘 아네? 들어본 적 있어?

첫째 : 응. 학교에서도 해 본 적 있어.

엄마 : 오~, 그럼 더 이상 설명 안 해도 되겠다. 세수 안 해도 되니까 더워 지기 전에 한 바퀴 돌자.

여러분도 많이 들어보셨죠? '플로깅' 혹은 '줍깅'이라고 부르는 활동이요. 조깅이나 산책을 하면서 쓰레기를 줍는 활동입니다. 막상 나가보니 놀랍습니다. 매일 지나다니던 길이지만 평소에는 보이지 않던 쓰레기가 어찌나 눈에 많이 띄던지…. 담배꽁초는 물론 커피전문점의 테이크아웃 컵이나 우유갑, 음료수 캔이 특히 많습니다. 버릴 거면 차라리 대놓고 길에 버려야 줍기라도 편할 텐데, 나뭇가지 사이나 시멘트벽 구멍에 열심히 쑤셔 넣어 놓으니 오히려 더 힘들더라고요. 집을 나선 지 30분도 채 되지 않았는데, 각자 들고 나온 비닐봉지가 벌써 꽉 찼습니다.

엄마 : 어우, 왜 이렇게 쓰레기가 많을까?

첫째 : 그러게 말야. 아니, 왜 여기에 캔을 박아 놓은 거야?

둘째 : 자기가 버린 거 안 들키려고 그런 거 아닐까?

엄마 : 결국 누군가는 치워야 할 텐데, 처음부터 버리지 않으면 좋으련만 왜 사람들은 길에다가 쓰레기를 버릴까?

첫째 : 주변에 쓰레기통이 없으니까 그런 것 같아.

둘째 : 그럼 집에 가져가면 되잖아.

첫째 : 쓰레기 들고 돌아다니는 거 귀찮잖아. 그러니까 아무 데나 버리는 거지. 너도 저번에 길에다가 껌 종이 버렸잖아.

둘째 : 내가 언제!

첫째 : 내가 다 봤다고.

쓰레기를 주우며 원인에 대해 논하는 아이들을 보니 귀엽습니다. 그런데 껌 종이를 아무 데나 버렸다니, 이건 또 벌금 감인데요? 일단 반성하는 모습을 보이니 이번은 봐 줘야겠습니다.

세상의 문제를 고민하는 아이로 키우기 위해 ✨⋆

엄마 : 길거리의 쓰레기를 줄이려면 어떻게 하면 될까?

둘째 : 쓰레기통을 많이 설치하면 되지 않을까?

엄마 : 맞아. 예전엔 곳곳에 쓰레기통이 있었거든? 근데 언제인가 국제행사를 앞두고 테러 위험 때문에 전국적으로 쓰레기통을 없애 버렸대. 쓰레기통 안에 폭발물을 설치한 사람이 있었나 봐.

첫째 : 그렇다면 각자 쓰레기를 들고 집으로 가는 수밖에 없겠네. 좀 귀찮더라도 쓰레기 봉지를 하나씩 가지고 다니면서 자기 쓰레기는 자기가 다시 들고 가는 거지.

둘째 : 아니면 쓰레기통을 다시 설치해 달라고 시청에 건의하면 어떨까?

엄마 : 그것도 좋은 생각이네. 지하철역에는 비닐 재질의 투명한 쓰레기통이 있던데. 그러면 폭발물이 있는지도 잘 보일 테고 말야.

세상을 위해 나의 시간을 쓰다 보니 세상의 문제점을 발견하게 됩니다. 그리고 자연스럽게 그 문제를 해결하는 방법은 뭘까 고민하게 되지요. 아이디어의 형태라면 발명으로 이어질 수도 있고, 실천이 필요하다면 캠페인으로 앞장설 수도 있을 거예요. 우리 차원에서 해결할 수 없는 일이라면 구청이나 시청에 건의해서 해결을 촉구할 수도 있을 거고요.

주말 아침 딱 30분간 동네를 돌았을 뿐인데 새로운 눈으로 세상을 바라보게 되었습니다. 세상을 배우는 게 뭐 별거인가요. 이렇게 평소 관심 없던 것에 눈을 뜨고 내가 할 수 있는 일을 찾는 것, 그게 배움이지요.

이날 아이들은 이불 속에서 꼼지락거릴 시간 30분을 포기했지만 돈 주고도 못 배울 소중한 깨달음을 얻었답니다. 그 뒤로 아이들은 본인들이 사 먹은 껌 종이나 과자봉지를 주머니에 넣어 집으로 가져오는 습관이 생겼어요. 물론 어느 날은 주머니 속의 껌 종이를 못 보고 그대로 빨래를 돌리는 바람에 세탁기가 난리 나기도 했지만요, 아하하하.

세상을 위해 나의 시간을 쓰다 보면 세상의 문제점을 발견하게 됩니다.
그리고 자연스럽게 그 문제를 해결하는 방법은 뭘까고민하게 되지요.

작은 솜씨로
서로 행복해지는
재능 기부

코로나 팬데믹이 한창이던 겨울방학이었어요. 밖에서 사람을 만나지 못하던 시기였기에 아이들은 방학이지만 집에만 콕 박혀 있어야 했지요. 친구 좋아하는 둘째는 몸을 비비 꼬며 견디기 힘들어 하더라고요. 친구들이랑 놀 수 있다면 뭐라도 할 기세였습니다.

그래서 아이에게 제안을 했습니다. 친구들과 함께 온라인 회의 서비스인 줌에서 만나 놀면 어떠냐고요. 당연히 오케이! 그래서 제가 운영하는 모임 '깨비드림' 회원들의 자녀들을 불러 모았어요. 처음 만나는 사이인데 줌에서 얼굴만 보고 멀뚱멀뚱 있을 수는 없으니, 각자 친구들에게 가르쳐 줄 것이 있으면 준비해 오라고 했지요. 저희 집 둘째가 제일 먼저 유튜버 네모아저씨의 팽이 접는 방법을 가르쳐 주기로 했습니다.

"내가 종이접기를 가르쳐 줄게" ⭐

전국 곳곳에 있는 아이들이 한날한시 줌 회의실에 모여들었습니다. 각자 색종이를 한 장씩 준비해서 책상 앞에 앉았어요. 카메라 각도가 손을 향하도록 조절하고 한 단계 한 단계 종이를 접어 갑니다. 먼저 둘째가 접는 모습을 보여주고 친구들이 따라 하는 방식으로 진행했어요. 재빨리 따라 하는 친구, 조금 느린 친구…. 속도는 모두 달랐지만 둘째는 화면에 비친 친구들의 모습을 보며 기다려 주더라고요.

"친구야, 거기는 반대로 접어야 해."

"친구야, 거긴 좀 더 뾰족하게 접어야 나중에 팽이가 잘 돌아가."

1학년짜리 꼬맹이가 뭘 할 수 있을까 싶었는데 생각보다 너무나 잘 가르쳐 주는 걸 보고 깜짝 놀랐습니다. 와, 우리 아이에게 이런 리더의 모습이 있었구나! 새로운 발견이었습니다.

이렇게 아이들이 가진 재능을 서로 조금씩 나눈다면 아이들에게는 또 하나의 새로운 배움의 장이 될 거라는 생각이 들더라고요. 이게 바로 '재능기부'로구나 싶었던 순간이었습니다.

이후에도 깨비드림 키즈들의 재능기부는 몇 차례 더 이어졌어요. 역사에 관심이 많은 친구는 역사 퀴즈를 준비했고, 기차에 관심 많은 친구는 본인이 만든 기차 모형을 보여주며 기차의 종류를 소개하기도 했지요.

어떤 6학년 형아는 줄넘기를 선수급으로 잘 했는데, 매주 일요일 아침마다 온라인 줄넘기 교실을 열었답니다. 덕분에 1학년 입학을 앞둔 아이가 줄넘기를 마스터하고 학교에 들어가는 신기한 일도 일어났고요. 나중에 들은 이야기인데, 그 6학년 형아는 이걸 몇 번 진행하면서 사업가로서의 고민을 많이 하는 기회가 되었다고 해요.

모든 아이는 자기만의 재능이 있다 ✨

우리 아이들은 모두 자기만의 재능을 가지고 있습니다. 누구는 그림을 잘 그리고, 누구는 노래를 잘 하지요. 네일아트에 재능을 보일 수도 있고, 프라모델 만드는 데에 진심일 수도 있어요. 이런 재능은 본인을 위해 쓸 수도 있지만 세상을 위해 쓸 수도 있습니다. 내가 가진 것을 세상을 위해 나눈다면 그게 바로 기부지요.

재능을 나눈다면 '재능기부'가 되는 겁니다. 뭔가 거창한 재능이 아니어도 돼요. 내가 잘 하고 좋아하는 것이면 충분합니다. 그 재능을 필요로 하는 누군가가 분명히 있을 테니까요.

이때 부모가 해야 할 일은 아이들이 세상을 위해서 재능을 기부할 기회를 만들어 주는 것. 저는 온라인 커뮤니티를 운영하고 있으니 온라인에서 판을 만들어 줄 수 있었습니다. 오프라인 활동을 적극적으로 하는 분이라면 지역 도서관에서 나눔 모임을 만들 수도 있고, 복지관에서 재능기부의 기회를 찾을 수도 있을 거예요.

이렇게 본인의 재능이 세상에 도움이 된다는 걸 깨닫고 자라는 아이는 더 많은 것을 나누기 위해 노력할 겁니다. 그러려면 스스로 더 발전해야 한다는 것도 자연스럽게 깨달을 거고요. 자기만 생각하고 자란 아이와 세상을 바라보고 자란 아이, 어느 쪽이 더 행복할까요?

경제교육의 목표는 단순히 우리 아이에게 돈을 알려주는 것에 그치지 않습니다. 세상을 위해서 무언가를 나누고 거기서 오는 행복을 느끼는 아이, 물질적으로만 풍요로운 게 아니라 진정한 행복이 뭔지 아는 아이로 키우는 것. 우리가 아이들에게 나눔을 가르쳐야 하는 이유가 아닐까요?

엄마표 경제교육의 마지막 단계는 나눌 줄 아는 아이가 되는 것입니다. 우리 아이들이 나누면 나눌수록 세상은 더 좋아질 것이고, 그래야 우리 아이도 더 좋은 세상에서 살아갈 수 있을 테니까요. 내가 가진 것을 세상에 나눠본 아이는 행복해지는 방법을 알게 됩니다.

재능은 본인을 위해 쓸 수도 있지만 세상을 위해 쓸 수도 있습니다.
내가 가진 것을 세상을 위해 나눈다면 그게 바로 기부지요.

기부는 어디서 하죠?

앞에서 살펴본 것처럼 우리의 손길을 기다리는 곳은 정말 많답니다. 가장 가깝게는 집 근처 행정복지센터나 사회복지관에 연락해 보세요. 내가 원하는 기부 형태에 맞게 방법을 알려 주실 거예요. 하지만 이렇게 직접 연락하는 것은 꽤나 용기가 필요한 일이기도 합니다. 그래서 가장 부담 없이 기부처를 알아보는 포털사이트를 알려드릴게요.

해피빈 (https://happybean.naver.com)

네이버에서 운영하는 기부 포털이에요. 아동·청소년, 환경, 다문화가족 등 다양한 분야별 기부처에 온라인으로 직접 기부할 수 있습니다. 각 기부처에 어떤 사연이 있는지도 자세히 작성해 놓기 때문에 아이와 함께 읽어 보고 선택할 수 있어요. 네이버 블로그나 카페에 글을 쓰면 '콩'을 하나씩 적립해 주는데, 이것을 모아 주기적으로 적립하면 글쓰기 연습도 하고 기부도 할 수 있으니 일석이조랍니다.

1365기부포털 (www.nanumkorea.go.kr)

국가에서 운영하는 기부 포털로, 등록된 기부단체 정보를 모아서 제공하고 있어요. 국세청에 등록된 단체들이라 어디에 어떻게 돈을 쓰고 있는지 투명하게 공개된답니다. '모집활동' 메뉴에 들어가면 현재 기부금을 모집 중인 단체들과 각각의 사연을 볼 수 있는데요. 해피빈과 달리 이 사이트에서는 직접 기부를 할 수는 없고, 개별 단체로 직접 연락을 해야 해요.

1365자원봉사포털 (www.1365.go.kr)

전국의 자원봉사활동 정보를 모아 놓은 포털입니다. 국가에서 운영하는 사이트이므로 학교 봉사활동 실적으로 인정되는 정보를 확인할 수 있어요. 봉사 지역, 봉사 대상, 봉사 일정 별로 세부검색이 가능하기 때문에 아이들과 함께 참여할 봉사활동을 찾아보기에 좋습니다. 가까운 곳에 도움의 손길이 필요한 곳이 있다면 아이들과 함께 참여해 보세요. 세상을 바라보는 시야를 넓히는 좋은 경험이 될 거예요.

9장

스스로
미래를 설계해요

지금까지의 방법으로 엄마표 경제교육을 꾸준히 해왔다면 조금씩 아이들의 변화가 눈에 보이실 거예요. 무엇보다 중요한 것은 아이들이 꿈과 미래를 스스로 설계하고 준비하는 것! 이를 위한 부모의 마지막 역할은 아이를 '세상의 평균'에 맞추는 게 아니라, 엉뚱한 꿈이라도 지지하고 함께 고민해 주는 것이랍니다.

용돈을 모아
'꿈 여행'을 떠나다

"엄마, 나는 세상에 없는 지하철을 만들 거야!"

첫째는 어릴 때부터 유달리 지하철과 기차를 좋아했어요. 매일 지하철 승강장에 앉아 오가는 열차를 관찰하고, 주말이면 철도 차량기지에 방문하는 게 취미였지요. 시간이 지나도 아이의 지하철 사랑은 계속되었습니다. 그렇게 수년이 흘러 아이가 갖게 된 꿈은 '세상에 없는 지하철'을 만드는 것. 그러려면 '세상에 있는 지하철'을 모두 타 봐야 한다고 했습니다. 이상하게 설득이 되지요?

틈나는 대로 지하철을 타고 돌아다니며 모든 수도권 노선을 정복한 아이는 열심히 돈을 모았습니다. 다음 목표는 부산 지하철이었거든요. 아이의 꿈 저금통에는 '부산 기차표 사기'라고 또렷이 적혀 있었지요. 용돈도 모으고, 세뱃돈도 모았습니다. 결국 아이는 스스로 모은 돈으로 부산 가는 KTX 열차표를 구입하는 데 성공했답니다.

그렇게 초등학교 6학년이 되던 봄, 부산으로 첫 번째 꿈 여행을 떠났습니다. 용돈을 모아서 내가 원하는 꿈을 이뤄낸 첫 번째 성공 경험이었어요. 용기 충만해진 아이는 부산에 이어 대전, 대구, 광주광역시까지 국내 지하철 노선을 모두 정복했습니다.

엉뚱한 꿈도 한없이 소중한 이유 ✦⃰

그리고 그다음엔 우리나라를 넘어 세계의 지하철을 모두 타보겠다는 꿈을 꾸게 되었지요. 첫 번째 목적지는 가장 가까운 일본! 중학교 2학년 겨울방학을 목표로 해서 또다시 돈을 모았습니다.

그렇게 열심히 모은 돈이 대략 100만 원! 이 돈으로 자기 몫의 비행기표 값은 물론 숙소비와 교통비까지 내겠다며 저에게 도쿄-오사카 4박5일 여행을 제안하더군요. 그런 아이와 함께하기 위해서 덩달아 저도 열심히 돈을 모아야 했네요. 여행에서 돌아와 정산해보니 아이가 모은 돈으로 경비의 절반 가까이를 충당했더라고요.

아이가 어렸을 때는 잘 이해가 안 되었어요. 대체 지하철 타러 다니는 게 뭐가 재미있다고 맨날 나가자고 하는지…. 아이 말로는 지하철이 다 다르게 생겼다는데, 저는 관심도 없고 따라다니는 것도 힘들었습니다. 바깥 풍경이 보고 싶은데 애는 지하에만 있겠다고 고집부리니 괴로울 때도 있었고요. 그런데 일본 지하철 여행을 즐기는 아이의 모습을 보니 애는 지하철과 기차에 진심이더라고요. 아이의 눈빛이 반짝이는 걸 보며 저도 아이의 꿈을 마음 깊이 응원하게 되었습니다.

가만히 떠올려보면 중·고등학교 시절의 저도 어떤 만화책 하나에 푹 빠진 소녀였어요. 책이 닳도록 읽고, 그 안에 담긴 모든 배경을 완벽히 이해하고 싶어서 밤새 자료를 찾았습니다. 책에 담기지 않은 내용을 상상하며 '팬픽'을 쓰고, 같은 만화를 좋아하는 사람들을 모아 모임도 꾸렸습니다. 그때 제 꿈은 그 만화책의 박물관을 만드는 것이었어요. 1층에는 무명 음악가와 미술가를 위한 공연·전시장을, 2층은 만화책 박물관을, 3층은 게스트하우스를, 4층은 사무실을 만들면 좋겠다고 생각했습니다.

하지만 갓 고등학교를 졸업한 여학생이 당장 그걸 업으로 삼을 수는 없었지요. 결국은 남들과 똑같이 평범한 코스를 밟아 어른이 되었습니다. 시간이 흐르면서 그 꿈은 서서히 옅어지게 되었고요. 그러다가 마흔이 넘은 지금에서야 다시 '내가 진짜 좋아하는 것'을 찾느라 이리저리 방황하고 있습니다.

그렇게 생각하니 이렇게 취향 확고하고 꿈이 분명한 아이가 새삼 대견하게 느껴집니다. 부럽기도 하고요. 어차피 스무 살이 되면 독립해서 혼자만의 길을 걸어갈 텐데, 그때까지라도 아이의 꿈을 팍팍 지원해 줘야겠다는 생각이 들었습니다. 모든 선택은 아이가 할 테니 엄마는 뒤에서 묵묵히 따라가는 역할에만 충실하면 되니까요.

돈을 아는 아이는 꾸는 꿈이 다르다 ✦★

부산 여행을 앞둔 초등 6학년 봄, 아이의 담임선생님과 상담을 했던 때가 기억납니다. 본래 학교 선생님과의 상담은 좀 긴장되잖아요. 괜히 혼나러 가는 느낌도 들고요. 그런데 선생님이 생각지도 못한 말씀을 해주시더라고요.

"어머니, 아드님이 정말 대단한 게 있는데요, 이 나이에 저렇게 꿈이 구체적인 아이가 흔치 않거든요. 근데 본인의 꿈이 '지하철 설계 디자이너'라며 그걸 위해서 본인이 무슨 노력을 하고 있는지를 또박또박 얘기해서 깜짝 놀랐어요. 곧 부산에 지하철 타러 가야 한다고 돈을 모으고 있다더라고요?"

우와! 저 진심으로 감동받았습니다. 엄마만 알고 있던 아이의 꿈을 향한 노력을 선생님도 알아주시다니요. 집에서는 마냥 부족해 보이는 엉뚱한 아이였는데, 학교에서는 그렇게 자기의 꿈을 당당하게 이야기하고 있었군요. 이게 진짜 경제교육의 효과 아니겠습니까? '자뻑'에 빠져서 그날 남편에게 얼마나 자랑을 했는지 모릅니다. 제 첫 책의 제목이 『돈을 아는 아이는 꾸는 꿈이 다르다』였는데, 그게 실현되어 가고 있는 것 같아 신기하기도 했고요.

그때의 그 상담을 통해서 더욱 확신을 얻었습니다. 엄마들이 할 일은 '그래도 이 정도는 해야지' 하면서 또래 평균치에 맞추려고 노력하는 게 아니라는 것을요. 우리 아이가 잘 하는 것, 우리 아이가 관심 있어 하는 것이 있다면 전적으로 응원해 줘야 한다는 것을요.

그나저나 큰일입니다. 이번 겨울방학 때는 지난번에 못 타본 열차들을 타고 일본을 종단하겠다네요. 어찌나 가열차게 돈을 모으던지 벌써 꽤 많이 모았더라고요. 아이 혼자서 일본 종단여행을 보낼 수는 없으니, 아이의 꿈을 팍팍 밀어주려면 엄마는 열심히 돈과 체력을 준비해야겠네요, 허허허.

어머니,

이 나이에 저렇게 꿈이 구체적인 아이가 흔치 않거든요.

근데 본인의 꿈이 '지하철 설계 디자이너'라며

그걸 위해서 본인이 무슨 노력을 하고 있는지를

또박또박 얘기해서 깜짝 놀랐어요.

곧 부산에 지하철 타러 가야 한다고

돈을 모으고 있다더라고요?

아이의
꿈 명함을
만들어 주세요

어느 날 포털사이트 검색창에 '꿈이'라는 단어를 쳐 봤어요. 포털사이트에는 사람들이 많이 검색한 순서대로 자동완성 검색어가 나오는데, 제일 먼저 나오는 검색어가 '꿈이 없어요'더라고요. 정말 이런 단어로 검색을 하는 사람이 있나 싶어 검색 결과를 봤다가 깜짝 놀랐습니다. 지식인 사이트에 꿈이 없다고 토로하는 학생들의 고민이 한가득이더라고요.

이상하지요? 이 아이들도 유치원 다닐 때에는 커서 뭐가 되고 싶냐고 물으면 너도나도 손을 들고 "대통령이요!", "과학자요!", "축구선수요!"라고 했을 텐데 말입니다. 초등학교까지는 그래도 괜찮더라고요. 비록 학년이 올라갈수록 대답하는 아이들의 수가 줄어들고, "본래 꿈은 ○○인데, 잘 안 될 것 같다"라고 답하기도 하지만, 아직 마음에 꿈이 자리 잡고 있는 아이들이 많거든요.

문제는 중학교 이후입니다. 지난 여름 수업에서 만난 중학생 아이들에게 "너희는 꿈이 뭐니?"라고 물었다가 그런 걸 대체 왜 물어보냐는 듯 냉소적인 눈빛에 당황했던 기억이 납니다. 어떤 아이가 마지못해서 "아빠가 대기업 가래요"라고 대답하는 것을 듣고 그 뒤로는 중학생들에게 굳이 꿈을 묻지 않게 되었어요. 내 꿈이 아닌 '다른 사람의 꿈'을 이야기하는 아이

들에게 이런 질문이 혹시나 상처가 될까 싶어서요.

내 꿈을 당당하게 보여주는 '꿈 명함' ✨*

사실 꿈이라는 건 참 두루뭉술한 단어입니다. 갖고 싶은 직업을 의미하는 건지, 아니면 직업은 아니지만 하고 싶은 일을 의미하는 건지 모호하지요. 허황된 꿈을 이야기했다가 괜히 면박당할 것 같

은 두려움도 있고요. "나는 하늘을 나는 게 꿈이에요"라고 말하는 게 유치원 때는 괜찮을지 모르지만, 중학생이 되어서도 이렇게 이야기했다가는 부모님께 혼날 것 같잖아요? 그래서 아이들은 꿈을 물어보면 입을 꾹 닫아버리는지도 모르겠습니다. 그렇게 서서히 현실과 타협하는 어른이 되어가는 거겠지요.

그런데요, 꿈은 입 밖으로 자꾸 꺼내야 이루어진대요. "생생하게 꿈꾸면 이루어진다"라는 말도 있잖아요. 그 꿈을 이룬 내 모습을 구체적으로 상상할수록 꿈을 이룰 방법을 찾아내게 된다는 의미입니다. 그래서 저는 아이들이 자기의 꿈을 당당하게 자꾸 이야기했으면 좋겠어요.

하지만 대뜸 "나는 꿈이 ○○이야"라고 말하기는 좀 뜬금없잖아요? 그래서 자연스럽게 꿈에 대해서 이야기할 수 있는 수단을 하나 제안해 봅니다. 바로 '꿈을 담은 명함'을 만드는 겁니다.

명함은 내가 누군지 표현하는 한 장의 카드잖아요. 어른들이 처음 만나는 사람들과 명함을 주고받듯이 아이들도 자기를 소개할 때 명함을 건네 보면 어떨까요? "나는 세계 최고의 로봇 발명왕이 될 ○○○이야", "나는 세상에 없는 지하철을 만드는 지하철 디자이너가 되려고 해"라고 말입니다.

꿈이 바뀌어도 괜찮아요 ✦✦

몇 년 전 첫째가 초등학교 졸업을 앞두었을 때 아이들에게 꿈 명함을 만들어 줬어요. 아이들이 엄청 좋아하더라고요. 명함은 어른들만 가질 수 있는 거라고 생각했는데 자기들도 생기니 신기했나 봐요. 둘째는 바로 그날 놀이터에 가서 열 장도 넘게 뿌리고 왔더라고요. 다행히 스팸전화는 오지 않았습니다.

첫째는 초등학교 졸업식 날 친구들에게 주겠다며 명함을 잔뜩 챙겨 갔지요. 근데 워낙 수줍음이 많은 녀석이라 쭈뼛거리기만 하고 건네질 못하더라고요. 결국 낯가림 따위는 모르는 둘째가 빼앗아서 형아 친구들에게 잔뜩 나눠줬답니다. 졸업 후 다른 지역 학교로 진학하는 바람에 초등학교 친구들을 자주 만나지 못하게 되었지만 아마 친구들은 기억하겠지요. '세상에 없는 지하철을 만드는 지하철 디자이너'가 되겠다던 엉뚱한 지하철 덕후 친구를요.

여러분도 아이들 생일 선물로 꿈을 담은 명함을 만들어 주면 어떨까요? 가까운 인쇄소에 부탁해도 되고, 요즘은 예쁘게 셀프 디자인을 할 수 있는 인터넷 사이트도 많으니 직접 만들어도 됩니다. 몇천 원 정도면 50장 정도 인쇄할 수 있으니 꿈이 있는 아이로 키우는 가장 가성비 좋은 방법이 아닐까 싶습니다.

아, 명함을 만들어 줬는데 꿈이 바뀌면 어떡하냐고요? 에이, 별

걱정을 다 하십니다. 다시 만들면 되죠, 뭐. 본래 아이들의 꿈은
계속 바뀌잖아요. 다양한 꿈이 담겼던 명함을 모으는 것도 재미있
겠는걸요?

육아의 최종 목표는
'아이의 자립'이어야 한다

　강의 자료로 쓰려고 유튜브를 검색하다가 흥미로운 두 개의 영상을 보게 되었어요. 둘 다 사춘기 자녀를 키우는 연예인 가정의 일상 이야기였습니다. 한 집은 중2 딸을, 또 다른 집은 중1 아들을 키우고 있었어요.

　연예인 가정이니까 비슷비슷하게 살겠거니 했는데 두 집안의 분위기가 완전히 다르더라고요. 중2 딸을 키우는 집은 엄마와 딸의 사이가 그다지 좋지 않았어요.[11] 그러다 보니 딸은 늘 자기 방에서 친구들과 영상통화를 하더군요. 보다 못한 엄마가 용돈을 끊어 버렸습니다. 대신 방 청소를 하면 3,000원을 주겠다며 일방적으로 통보하더라고요. 일주일에 1만5,000원을 용돈으로 받고 있었는데 갑자기 3,000원이라니, 딸이 코웃음을 칩니다.

---

11) 「용돈 일주일에 5천 원 준다는 엄마 VS 엄마가 하라는 건 다 싫은 사춘기 딸」 / 유튜브 채널 '디글클래식'

공부보다 자신을 돌볼 줄 아는 사람 ✦⁺

반면 중1 아들을 키우는 가수 김윤아 님의 집은 분위기가 너무나 달랐습니다.[12] 온 식구가 함께 앞치마를 두르고 저녁식사 준비를 하더라고요. 아들이 칼질을 할 때 아빠는 안전하게 하는지 지켜봐 줍니다. 소스를 붓고 끓일 때는 튀지 않도록 엄마가 "가까이 대고 부으라"면서 코칭해주고요.

그렇게 아들이 주도적으로 요리를 하고 엄마 아빠는 보조 역할을 하며 멋진 저녁식사를 한 상 차려냈습니다. 식사를 할 때는 계속 감탄을 날립니다. "○○이가 만들어서 그런지 밥도둑이네"라며 "이러다가 한 그릇 더 먹겠다"고 아낌 없이 칭찬을 하고요. 그 말을 듣는 아들은 부끄러운지 스윽 일어나 본인 밥을 한 그릇 더 뜨러 갑니다.

식사가 끝난 뒤엔 각자 할 일을 가지고 식탁에 다시 모이더라고요. 밥만 먹고 각자 자기 방으로 쌩~ 들어가 버리는 보통의 가정과는 다른 모습이었습니다. 다 같이 모이자마자 '노동의 가치'에 대해서 다시 이야기하자며 종이를 꺼냈는데, 어머나! 용돈메뉴판인 거 있죠. 한 학년 올라갔으니 다시 협상을 하자며, 아이의 의견

---

12) 「오순도순 자우림 김윤아네 세 식구 : 결혼하고 싶어지는 이상적인 가족의 모습 그 자체」 / 유튜브 채널 'tvN D ENT'

을 묻고 엄마와 밀고 당기며 용돈을 조율해 나갑니다.

영상의 댓글을 열어보니 역시나 난리가 났더라고요. "자녀 교육의 정석이다", "이렇게 해야 경제 관념이 제대로 잡힌다"라고요. 영상 속에서 엄마 김윤아 님이 이런 말을 합니다.

"자기 몸을 돌볼 수 있는 사람이 돼야 하는 거 같아요. 공부보다 자기 먹고사는 게 더 중요한 것 같아요, 저는."

"부모가 아이를 세상에 강제로 소환했으니까, 행복한 어른이 될 수 있는 방법이 뭔지를 같이 고민해 나가야 돼요."

이 말에 패널들 모두 박수를 쳤습니다. 결국 육아의 최종 목표는 아이들의 자립이라는 말을 하더라고요.

꽃길만 걸었던 아이는 다른 길을 못 걷는다 ✦⁺

어떤 부모도 아이가 넘어지거나 다치는 것을 원치 않습니다. 꽃길만 걸었으면 하는 마음은 당연하지요. 괜히 빙빙 돌아가지 말고 지름길로 빠르게 갔으면 하는 마음도 있습니다. 그래서 많은 부모들은 미리 길을 닦아놓고 "너는 그냥 엄마가 하라는 대로만 해"라고 말하기도 합니다. 하지만 과연 그게 맞을까요? 그렇게 자라는 아이들이 뭔가를 스스로 척척 해낼 수 있을까요?

칼질을 하고 가스불 앞에서 요리를 하다 보면 아이는 손을 베거나 뜨거운 냄비에 데일 수도 있을 거예요. 하지만 그게 위험하다고 주방 근처에도 못 오게 한다면 아이는 달걀프라이 하나 해보지 못한 채 어른이 되겠지요.

저도 세상에서 안전이 가장 중요하다며 위험해 보이는 것은 절대 못 하게 하는 엄마였는데, 이 영상을 보며 많이 반성했습니다. 그리고 아이들의 용돈계약서에 '가족을 위해서 주 1회 요리하기'를 넣었어요. 물론 아이가 숙달될 때까지는 옆에서 지켜봐야죠. 그래도 제법 스스로 할 줄 아는 요리가 많아지고 있는 걸 보니, 스무 살 정도가 되면 마음 놓고 독립시킬 수 있을 것 같습니다.

요즘은 한 집에 자식들이 많아야 하나 아니면 둘이다 보니 아이들이 부모로부터 독립하는 시기가 점점 늦어지고 있습니다. 우리나라의 경제성장률이 둔화되면서 이제는 자수성가하는 게 어려워지고 있기도 하고요. 그러다 보니 요즘 젊은이들은 성공의 조건으로 스스로의 노력보다는 타고난 재능이나 부모의 재력을 더 중요하게 여기기도 해요. '내가 어찌할 수 없는 것'에 대한 무력감이 크달까요.

이건 부모들도 잘 압니다. 그래서 본인의 미래를 양보해서라도 자식들에게 더 많은 것을 해 주고 싶어 하죠. 하지만 곰곰히 생각해 보면 좋겠습니다. 어떤 게 더 부모와 자식의 미래를 위한 일인지, 어떤 게 더 우리 아이가 행복한 어른으로 자랄 수 있는 방법 인지요.

"평온한 바다는 결코 유능한 뱃사람을 만들 수 없다(A smooth sea never made a skillful mariner)"는 영국의 격언이 있습니다. 꽃길만 걸었던 아이는 울퉁불퉁한 자갈길을 만나면 그 자리에서 멈춰 버릴지도 모릅니다. 하지만 인생이 어떻게 술술 풀리기만 하겠어요. 예상치 못한 난관을 만났을 때 그 어려움을 딛고 일어설 수 있는 힘이 있는 아이, 나아가 스스로 길을 개척하는 아이로 키우기 위해 이제부터 부모는 아이의 앞이 아니라 아이의 뒤에서 묵묵히 따라가는 그림자 같은 존재가 되면 어떨까요.

> "부모가 아이를 세상에 강제로 소환했으니까,
> 행복한 어른이 될 수 있는 방법이 뭔지를 같이 고민해 나가야 돼요."

우리 아이가 달라졌어요

경제교육이라는 이름으로 아이들과 활동한 지 만 5년이 지났습니다. 초등 4학년과 1학년이던 저희 아이들은 어느새 고등학교와 중학교 입학을 앞둔 청소년이 되었네요.

5년의 세월이 흘렀으니 저희 아이들은 경제 척척박사가 되었을까요? 아유, 그럴 리가요. 오히려 갈수록 '경제교육, 참 쉽지 않다'는 걸 느낍니다. 고학년이 되니 집에 있는 시간도 많지 않고, 자기주장이 강해지면서 엄마의 말발이 먹히지 않기도 하고요. 하지만 어떻게든 붙잡고 있었더니 아이들이 분명히 달라지긴 하더라고요.

가장 많이 달라졌다고 느낀 건 자신의 꿈에 대해 점점 구체적으로 고민하기 시작했다는 거예요. 여러 가지 방법으로 돈을 벌어 보고, 꿈 저금통에 나눠 저축도 해 보고, 어떤 게 합리적인 선택일까 치열하게 고민도 해 보며 스스로 할 줄 아는 것들이 많아졌답니다. 본인이 가진 꿈과 재능과 돈을 세상에 조금씩 나누며 세상을 보는 시야가 넓어졌다는 것도 느껴지고요.

저 개인적으로는 AI 시대에 어떻게 아이들을 키워야 하는지에 대한 방향을 잡게 된 것이 큰 수확입니다. 경제교육을 통해 길러지는 문제해결력이나 통찰력이 결국 AI 시대에 꼭 필요한 자기주도 능력들이더라고요. '경제교육만 잘 해도 우리 아이들 미래는 걱정 안 해도 된다'는 확신이 들었습니다.

혹시 나만 그렇게 느끼나 싶어, 뜻을 함께하는 깨비드림 멤버들과 함께 수년간 경제교육 실험⑦도 해 보았습니다. 그런데 멤버들의 자녀들도 시간이 흐르며 성장하는 게 느껴지더라고요. 아, 이거구나! 우리가 가는 길이 틀리지 않았구나! 정말 다행이었습니다.

이 책은 저희 아이들과 깨비드림 키즈들의 성장 과정을 지켜보며 정리한 기록입니다. 5년 전의 저처럼 경제교육을 어떻게 시작해야 하나 막막한 엄마들에게 이정표가 되길 바라면서요. 그런 분들은 이 책에서 안내하는 대로 7단계 엄마표 경제교육을 조금씩 시작해 보세요.

꼭 1단계부터 하지 않아도 괜찮습니다. 그냥 마음 가는 아무 단계라도 일단 시작하면 됩니다. 그렇게 하나 둘 실천하다 보면 어느 순간 훌쩍 자란 아이의 모습을 마주하게 되실 거예요. 그 과정에서 엄마도 함께 성장하는 건 덤이고요.

엄마표 경제교육을 통해 아이들은 자립할 준비를, 엄마들은 즐거운 노후 대비를 할 수 있길 바랍니다. 그리고 아이들이 당당히 자립해 훌쩍 떠나는 날, 우리는 우아하게 차 한 잔 같이해요.

그날을 위해 오늘도
엄마표 경제교육 파이팅입니다!

엄마표 경제교육을
돕는 자료들

엄마표 경제교육 자료

▶ 엄마표 경제교육 7단계 강의 영상

이 책에 연재된 「엄마표 경제교육 7단계」를 영상 강의로 만나보세요. '원더깨비 유튜브' 채널에서 무료로 보실 수 있습니다. 단계마다 '실천미션'도 포함되어 있으니 아이들과 차근차근 즐거운 경제교육을 진행하시길 바랍니다.

▶ 엄마표 경제교육 워크시트

이 책 본문에 예시로 들어간 각종 자료들을 워크시트 형태로 다운받아 사용하실 수 있어요.
(용돈계약서 / 용돈메뉴판 / 용돈스티커 적립판 / 용돈사용계획서 / 용돈기입장 등)

▶ 원더깨비의 경제교육 레터

엄마표 경제교육 여정에 도움이 되는 실천 미션과 경제교육 정보를 매주 이메일로 보내드립니다. 경제교육 실천 의지가 약해지지 않도록 도와드릴게요.

경제교육을 위한 추천도서

▶ 미취학 아동

- 『세 개의 잔』 (살림어린이, 2012년, 토니 타운슬리·마크 세인트 저메인 글, 에이프릴 윌리 그림)

- 『100원짜리만 받는 과자가게』 (위즈덤하우스, 2018년, 반하다 글·그림, 보린 글)

- 『용돈 주세요』 (길벗어린이, 2007년, 고대영 지음, 김영진 그림)

- 그 외 경제 동화 전집은 무엇이든 좋아요.

▶ 초등 저학년

- 『오늘은 용돈 받는 날』 (풀빛, 2021년, 연유진 글, 간장 그림)

- 『오늘은 용돈 버는 날』 (풀빛, 2022년, 연유진 글, 간장 그림)

- 『내 로봇 천원에 팔아요』 (키위북스, 2015년, 김영미 글, 송효정 그림)

- 『살까? 말까?』 (창비, 2022년, 권재원 글·그림)

- 『존리의 금융 모험생 클럽 1~2』 (미래엔아이세움, 2021~2022년, 존리·예영 글, 정주연 그림)

- 『이진우 기자의 몬말리는 경제모험 1~4』 (아울북, 2024년, 최설희 글, 지문 그림, 이진우 기획)

▶ 초등 고학년

- 『열두 살에 부자가 된 키라』 (을파소, 2014년, 보도 섀퍼 글, 원유미 그림)

- 『주식회사 6학년 2반』 (다섯수레, 2020년, 석혜원 글, 한상언 그림)

- 『나의 첫 저축통장』 (다산북스, 2024년, 정지영 지음)

- 『편의점에서 경제도 파나요?』 (책읽는곰, 2023년, 정연숙 글, 고양이다방 그림)

- 『용돈 잘 쓰는 법』 (메가스터디북스, 2023년, 김선·조희정 글, 차차 그림)

- 『지대넓얕』 경제 시리즈 (돌핀북, 2022~2024년, 채사장·마케마케 글, 정용환 그림)

▶ 중학생 이상

- 『천 원으로 시작하는 10대들의 경제학』 (다른, 2020년, 김영옥 지음)

- 『최강의 실험경제반 아이들』 (리틀에이, 2022년, 김나영 지음)

- 『세계시민이 된 실험경제반 아이들』 (리틀에이, 2022년, 김나영 지음)

- 『열다섯에 배워 평생 써 먹는 단단한 돈 공부』 (우리학교, 2024년, 권재원 지음)

- 『14살부터 시작하는 나의 첫 돈 공부』 (뜨인돌, 2024년, 가켄 편집부)

▶ 교육 방향성을 잡기 위한 부모 추천도서

- 『내 아이 자산관리 바이블』(블루무스, 2020년, 고미숙 지음)

- 『부모라면 놓쳐서는 안 될 유대인 교육법』(미디어숲, 2020년, 임지은 지음)

- 『내 아이의 부자수업』(한국경제신문, 2021년, 김금선 지음)

- 『게임 현질하는 아이, 삼성 주식 사는 아이』(베리북, 2021년, 김선 지음)

- 『13세, 우리 아이와 돈 이야기를 시작할 때』(한스미디어, 2020년, 박정현 지음)

▶ 자녀와의 소통을 위한 부모 추천도서

- 『엄마학교』(큰솔, 2006년, 서형숙 지음)

- 『엄마의 말공부』(카시오페아, 2015년, 이임숙 지음)

- 『아빠의 교육법』(서교출판사, 2023년, 김석 지음)

▶ 인성 교육을 위한 부모 추천도서

- 『공부보다 공부그릇』(더디퍼런스, 2020년, 심정섭 지음)

- 『세상에서 가장 쉬운 본질육아』(21세기북스, 2022년, 지나영 지음)

- 『탈무드 역사토론』(더디퍼런스, 2023년, 심정섭 지음)

- 『오늘 행복해야 내일 더 행복한 아이가 된다』(마리북스, 2022년, 이성근·주세희 지음)

어린이를 위한 경제신문

▼ 주니어 생글생글

▼ 어린이 조선일보

▼ 어린이 동아

▼ 어린이 경제신문

▼ 소년 한국일보

아이와 함께 보기 좋은 유튜브 영상

▶ **어린이 경제교실 (금쪽이 경제교실)**

기획재정부가 운영하는 경제교육 채널입니다. 3~4분 내외의 짧은 영상을 통해 어린이 눈높이에 맞춰 경제를 설명합니다.

▶ **EO**

한국은 물론 전 세계의 성공한 스타트업의 이야기를 다룹니다. 아이에게 도전 정신과 기업가 마인드를 길러 주기에 좋습니다.

▶ EBS다큐

다큐멘터리 명가 EBS가 운영하는 공식 채널입니다. 인간군상의 다양한 모습을 보여주기 때문에 세상을 바라보는 시각과 견문을 넓히는 데에 도움을 줍니다.

▶ 슈카월드

다양한 국내외 경제와 금융에 대한 이슈를 균형 잡힌 시각으로, 재미있되 자극적이지 않게 설명합니다. 경제뿐 아니라 세계사와 시사상식에도 큰 도움이 됩니다.

▶ 세상의 모든 지식

사람들이 궁금해하는 사건, 인물, 기업의 흥미진진한 뒷이야기를 자극적이지 않은 방식으로 소개합니다. 겉으로 보이는 현상을 뒤집어 생각해 보는 데에 도움이 됩니다.

아이와 함께 가기 좋은 체험 박물관

▶ KRX아카데미

국내 주식을 거래하는 한국거래소(KRX)가 운영하는 교육 플랫폼으로, 일반인을 대상으로 다양한 금융 교육 콘텐츠와 강의를 제공합니다. 부산에 위치한 '자본시장역사박물관'과 서울 여의도에 위치한 '자본시장역사·체험관(홍보관)'에 방문하면 자본시장에 대한 다양한 체험활동이 가능합니다.

– 자본시장역사박물관 : 부산시 남구 문현금융로 40 부산국제금융센터 51층 / 051-662-2559
– 홍보관 : 서울시 영등포구 여의나루로 76 한국거래소 본관 2층 / 02-3774-4413

▶ 한국은행 화폐박물관

우리나라 중앙은행인 한국은행이 운영하는 박물관으로, 다양한 화폐와 미술품은 물론 우리나라 화폐의 역사를 한눈에 보여주는 전시공간입니다. 1912년에 지어진 유서 깊은 석조건물을 보는 것도 또 하나의 즐거움입니다.

– 서울시 중구 남대문로 39 / 02-759-4881~2

▶ 한국금융사박물관

신한은행이 세운 국내 최초의 금융사 전문 박물관으로, 국내 금융사 및 화폐와 관련된 다양한 금융 유물이 전시되어 있는 곳입니다. 어린이를 위한 다양한 체험 프로그램도 운영하고 있으므로 참여해 보면 좋습니다.

- 서울시 중구 세종대로9길 20 / 02-2151-7677

▶ 우리은행 은행사박물관

우리은행이 운영하는 최초의 은행 역사 전문 박물관으로, 대한제국 시절에 사용된 회계장부나 통장 등 근현대 금융 문화유산 2만여 점을 소장하고 있습니다. 어린이를 위한 다양한 체험 프로그램도 운영하고 있으므로 참여해 보면 좋습니다.

- 서울시 중구 소공로 51 우리은행 본점 지하1층 / 02-2002-5090

▶ 한국조폐공사 화폐박물관

우리나라의 돈을 만드는 한국조폐공사에서 운영하는 박물관입니다. 4개의 상설전시관에서 화폐의 역사와 기능에 대한 흥미로운 전시물을 보여줍니다. 어린이를 위한 다양한 체험 프로그램도 운영하고 있으므로 참여해 보면 좋습니다.

- 대전시 유성구 과학로 80-67 / 042-870-1200